누구나 처음 가는 길

해원

김영신

생각쟁2

에두코

스펀지

비티오

호랑

황태웅

도란도란

나르샤킴

스텔라윤

차례

들어가며 1
2

상실			
	인생 까짓것, 모 아니면 도	해원	15
	계절이 지나갈 때	김영신	35
	그러자, 마음이 들리기 시작했다.	생각쟁2	65

나눔			
	아파도 끝까지 박치기	에두코	93
	몽당연필의 꿈	스펀지	115
	누가 줬는지 모르는 선물, 돌려주는 삶	비티오	135

꿈	호접몽(虎接夢)	호랑	157
	다시, 나를 쓰다	황태웅	183
	여기는 지구 글쟁이, 응답하라 나의 별!	도란도란	203

사랑	엄마의 사랑은 반지를 타고	나르샤킴	225
	사랑이 이긴다	스텔라윤	249

들어가며 1

첫 아이가 우리에게 왔다.

"대한민국 최초 출판 공동체 북코압〈Book-coop〉제1차 베스트셀러 책 쓰기 작가 모집"

2024년 4월, 네이버 블로그를 통해 야심차게 작가를 모집한 지 10개월 만에 우리의 글이 한 권의 책으로 세상에 왔다. 애초에 6명으로 계획했던 작가는 선발을 마치고 나자 12명으로 불어나 있었다. 지원자도 많았을뿐더러 선발된 작가들의 글 하나하나가 너무 좋아 욕심을 부렸던 탓이다. 여럿이 함께하는 출간의 고통이 출산의 고통에 비견한다는 사실을 간과한 어리석음의 발로였다. 하지만 북코압의 첫 출발은 우리 모두의 기쁨이었고 설렘이었다.

첫 원고를 완성하고 세 번의 합평회와 기성 작가의 교정을 거치며 원고는 무럭무럭 자라났다. 어느덧 3개월이 지나 최종 원고가 나오는 7월의 어느 날, 원고에 대해 청천벽력 같은 진단이 떨어졌다. 책으로 출간하기에는 원고가 너무 미숙하다는 판단이었다. 미숙한 원고를 세상에 내보낼 수는 없는 일, 모두 마음을 다잡고 새롭게 원고를 쓰기 시작했다. 그리고 10월, 원고는 위기를 극복하고 생기를 되찾는 듯했다.

하지만 아직 세상의 빛을 보기에 원고는 허약하기만 했다.
　북코압은 출판의 전 과정에 작가들이 직접 참여할 수 있는 열린 출판을 지향했다. 원고를 더 튼튼하게 할 편집위원을 꾸려 본격적인 편집에 들어갔다. 필요 없는 문장을 제거하고 비문을 고쳤다. 작가 위주의 글에서 독자 중심의 글로 고쳐나가며 우리는 서로의 글에 피와 살을 덧붙였다. 아이는 점점 건강해졌고 생명력으로 넘쳐났다. 출산일이 가까워지며 예기치 않은 작은 어려움이 찾아왔지만, 우리는 포기하지 않고 끝까지 지혜를 모아 위기를 넘겼다. 그렇게 10개월을 가득 채워 우리의 건강한 첫 아이가 세상으로 왔다.
　예쁜 보자기에 싸여 우리에게 온 소중한 첫 아이, 그 아이의 이름은 〈누구나 처음 가는 길〉이다. 한 권의 책이 세상에 나오는 일은 한 생명이 세상에 오는 것과 똑 닮았다. 이 책이 생명으로 우리에게 오기까지, 기획 단계부터 출간까지 애써주신 고유출판사 이창현 대표님께 진심으로 감사드린다. 그리고 작가와의 합평회를 이끌어 주시고, 전 과정을 참관해 주신 이로소 작가님께도 심심한 감사를 드린다. 특히 도란도란 작가님이 없었다면 이 책은 결코 이 땅에 존재할 수 없었음을 알리며, 더 없는 감사를 보낸다. 마지막으로 북코압 1기에 참여해 주신 회원님들께도 깊은 감사를 드리며 모두의 건승을 기원한다.

해원

들어가며 2

사람이 온다는 건
실은 어마어마한 일이다
(중략)
한 사람의 일생이 오기 때문이다
부서지기 쉬운
그래서 부서지기도 했을
마음이 오는 것이다
– 정현종의 시 「방문객」에서

    우리는 나이, 성별, 직업, 사는 곳이 모두 다릅니다. 같은 시대를 살아갈 뿐 이름도 얼굴도 모르는 사람들이었지요. 단 하나의 희미한 접점이 있다면 블로그에 '글'을 쓰는 사람이라는 것뿐이었습니다. 어느 날 한자리에 모인 우리 11명은 함께 모험을 떠나기로 했어요. 튼튼한 고유출판사라는 배가 있었고, 든든한 해원 선장도 출항 준비를 마쳤죠.
    지난 4월, 싱그러운 봄에 만난 우리는 각자의 삶에서 가장 빛나는 '별'을 찾아 항해를 떠났습니다. 고된 여정 끝에 다시 얼굴을 마주했고, 각자가 찾아온 별 이야기를 조심스럽게 꺼내었습니다. 놀랍게도 우리의 이야기는 마치 서로 짜고 맞춘 듯 쓰라린 상처로 범벅되어 있었어요. 자기의 삶을 타인에게 내보이는 일은 참으로 부끄럽고 또 어려운 일이었습니다. 은근슬쩍 숨겨보려고도 했지만, 서로의 이야기에 온전히 귀 기울이는 시간 속에서 결국 남김없이 쏟아냈지요. 까마득한 밤하늘에 별처럼 쏟아지는 이야기를 바라보며, 우리의 가슴속에는 옅은 웃음이 번졌습니다.

하얗게 끝없이 펼쳐진 종이 위, 망망대해를 헤매며 찾고자 했던 별들은 이미 우리 안에 있었습니다. 사는 내내 어둠인 줄만 알아 꽁꽁 감춰두었던 상처가 실은 빛나는 별이었습니다. 산산이 부서졌던 마음을 들여다보고 보듬어주니 빛이 되었습니다. 우리 안에서 저마다의 빛으로 반짝이는 열한 개의 별을 찾아 그 별들의 이야기를 한 권의 책으로 엮었습니다. 누군가는 '상실'의 낭떠러지에서 자기 자신을 찾았고, 누군가는 진흙탕에서 자신의 '꿈'을, 또 누군가는 아픔의 소용돌이에서 '나눔'의 가치를, 누군가는 처절한 눈물 속에서 '사랑'을 발견했습니다. 우리의 긴 항해는 코끝 시린 한겨울이 되어서야 끝이 났습니다.

아무런 접점도 없는 우리였지만, 오직 글을 통해 투명하게 만나고 보니 그저 똑같은 '한 사람' 일뿐이었습니다. 숨기고 싶은 상처를 안고 살아가지만, 자기 삶을 소중하게 들여다보고 치유해 온 사람들, 삶의 고난 속에서도 가장 순수했던 날의 꿈과 사랑을 기억해 내고 빛을 향해 나아가는 사람들. 삶이라는 항해에서 우린 글로 만나 서로에게 시간을 내주었습니다. 한 사람의 일생을 함께 나눈다는 건 실로 어마어마한 일이었습니다.

당신이 어떤 연유로 이 책과 인연이 닿았을지 알 수 없지만, 이제 우리와 한배를 탄 것이나 다름없어요. 긴 항해 끝에 감히, 그러나 당당하게 말할 수 있습니다. 빛나지 않는 삶은 없어요. 당신의 삶도 이미 그 자체로 빛을 내고 있어요.

책에 실린 열한 사람의 이야기 중 당신에게 빛으로 다가갈 이야기가 있기를 바랍니다. 당신에게 꼭 가닿아야 할 이야기가 이 책 안에 담겨 있기를, 그리하여 당신 안에서 빛나는 별을 발견할 수 있기를.

그게 우리가 오늘, 이렇게 글로 만난 이유가 아닐까요?

북코압 편집위원(도란도란, 스텔라윤, 스펀지)

상 실

인생 까짓것, 모 아니면 도

해원

┊ 프롤로그 놀이터로의 초대
　　┊ 1장 0도, 세상의 중심
　┊ 2장 90도, 부정과 긍정 사이
　　┊ 3장 180도, 결핍과 중독
　　┊ 4장 270도, 중독과 상실
┊ 5장 360도, 다시 세상의 중심으로
　　┊ 에필로그 나를 찾는 여정

| 프롤로그

놀이터로의 초대

"나는 죽음 따위는 두렵지 않아. 내가 정말 두려운 건, 사는 동안 충분히 살아있지 못하는 거야. 인생은 누구에게나 신나는 놀이터여야 해. 놀이터가 아니라면 인생은 아무것도 아니야. 이건 모든 학교의 교실 칠판에 적혀 있어야 해."

"I'm not afraid of dying. I'm afraid I haven't been alive enough. It should be written on every school room blackboard: Life is a playground or nothing."

영화를 보다가 'Play Ground'라는 단어가 내 귀를 스쳤을 때 나의 심장은 요동쳤다. 인생을 놀이터로 만들어야겠다고 생각했다. 인생을 신나는 놀이터로 만들 수 있겠다는 자신감이 생겼다. 하지만 현실은 녹록지 않았다. 인생은 놀이터는커녕 고통의 바다였다. 눈만 돌리면 고통의 거센 파도가 나를 삼킬 듯 덤벼들었다. 숨쉬기조차 힘들었다. 익사할 것 같았다.

위에 소개한 대사는 죽음을 앞둔 노인이 인류에게 전하는 마지막 메시지다. 〈미스터 노바디〉라는 이 영화의 시작은 2092년의 미래로 간다. 배우 '자레드 레토Jared Leto'가 연기한 118세의 노인, '니모'는 이미 불멸을 얻은 인류의 마지막 생존자로서 자연사를 앞두고 있었다. 모두가 영원한 생명을 얻은 세상에서 혼자만 유일하게 죽음을 맞아야 하는 그의 마지막 한마디는 "인생은 놀이터여야 한다"라는 것이었다.

118세의 노인 '니모'가 두려워하는 것, 그건 죽음이 아니라 사는 동안 제대로 살지 못하는 것이었다. 달리 말하자면, 인생을 살아있는 놀이터로 만들지 못한 자에게 죽음은 두려움과 후회로 다가온다는 말이다.

어린 시절의 나를 돌이켜보면 세상은 온통 놀이터였다. 나뭇잎만 떨어져도 웃음이 까르르 터져 나오고, 그 나뭇잎이 바람에 굴러도 웃음은 터져 나왔다. 하지만 언제부터인지 나의 삶은 놀이터가 아니라 피 튀기는 생존의 전쟁터로 전락했다.

늘 놀이터에서 살던 나는 언제, 왜 놀이터를 잃어버렸을까? 무엇이 나를 놀이터에서 끌어내렸을까? 나는 이제 다시 나의 놀이터로 돌아가려 한다. 우리는 누구나 태어나면서부터 세상의 중심인 0도에서 삶을 시작한다. 그리고 90도, 180도, 270도를 도는 고난의 여정을 거쳐 마지막엔 360도, 즉 출발점으로 회귀한다. 누구에게나 놀이터였던 0도로 돌아가는 일, 어쩌면 그것이 우리 삶의 목적인지도 모른다.

"지금부터 당신을 나의 놀이터로 초대한다."

1장

0도, 세상의 중심

"모 아니면 도"

지금까지의 내 삶을 딱 한 마디로 표현한 문장이다. 내 삶이 '모 아니면 도'의 양극단을 오가는 이유를 설명하자면 엄마 뱃속까지 거슬러 올라가야 한다. 나에게는 두 살 터울이지만 연년생에 가까운 형이 있다. 의도치 않게 너무 일찍 엄마 뱃속에 들어간 나는 콩알보다 작을 때부터 애물단지였다. 형을 낳은 지 얼마 되지도 않아 생겨버린 나는 제거 대상이었다. 생존을 위한 극단적 선택, 그건 나의 무의식에 박힌 숙명이었다.

우리가 인간이라는 생명으로 지구에 올 때는 반드시 목적이 있다. '목적'이라는 말이 너무 거창하다면 '의미'라는 말로 바꾸어 보자. 존재하는 모든 것은 존재한다는 자체로 의미가 있다. 누군가 하루살이에게 아무런 존재의 의미가 없다고 말한다면 나는 그 사람 또한 아무런 존재의 의미가 없다고 말할 것이다. 그만큼 '의미'는 한 인간의 삶에 반드시 부여되어야 할 필요충분조건이다.

지구상에 태어난 모든 생명은 자기가 세상의 중심인 채로 태어난다. 생각해보라. 지구상에 어떤 생명이 자기라는 개체가 아닌 다른 존재를 위해 태어나는 일이 있겠는가. 하물며 만물의 영장인 사람이면 더 말할 것도 없다.

그런데 우리는 왜? 언제부터 세상의 중심에서 밀려나 하나의 개체로 전락했을까? 하나의 미천한 개체가 되어, 생계를 위해 직장에 가고, 남에게 보여주기 위해 시간을 허비하고, 자신의 숭고한 가치를 희생해 유형의 무언가를 생산해야 하는 부품으로 전락했을까?

아이러니하게도 인간은 자기라는 존재를 하나의 개체로 분리해 인식하면서 세상의 중심에서 벗어난다. '나'라는 개체를 타인과 분리함으로써 스스로 주변인이 되고 부품이 되고 노예가 된다. 다시 말해, 살면서 경험한 생각이 축적되어 각자의 관념이 되고, 그 관념은 세상을 한없이 쪼개어 '나'라는 생명마저도 하루살이의 그것과 다를 바 없이 만들어 버린다.

나는 인생을 '모 아니면 도'라고 규정하고 언제나 '모'로 살아야 한다고 생각했다. 그러다 어느 순간 실패와 역경이 찾아와 '모'로 살아갈 수 없는 상황이 되면 개, 걸, 윷을 거부하고 바로 '도'로 직진했다. 나는 늘 일류여야 했고 최고여야 했다. 세상에 중심이어야 했고 세상 모든 것은 나를 위해서 존재해야 했다.

역설적으로 세상의 중심이기를 원하는 사람은 언제나 변두리에 있는 사람일 가능성이 크다. 중심을 추구한다는 자체로 그에게는 중심에 대한 결핍이 존재한다. 어린 시절 나에게는 중심과 인정에 대한 결핍이 있었다. 결핍이 이끄는 삶의 최선은 그 결핍을 완전히 해소하는 것이지만, 반대로 최악은 모든 걸 포기하는 것이다.

늘 세상의 중심이기를 원하던 아이는 과연 어떤 어른이 되었을까?

2장

90도, 부정과 긍정 사이

"선생님, 징계까지 받아 가며 이런 학교 졸업해서 뭐 하겠습니까? 그냥 자퇴하고 검정고시 준비하겠습니다."

모든 걸 포기하고 싶었다. 삶에서 가장 나 자신을 부정하고 미워하던 시기였다. 명문고 진학에 실패하고 후기로 다니던 고등학교를 자퇴했다. '모 아니면 도', 일류가 아니면 안 되는 자존심은 이류를 허락하지 않았다. 자퇴 후 다시 일류에 도전했지만 이미 궤도를 벗어난 일류의 꿈은 오히려 나를 삼류로 내몰았다. 방황하는 10대들의 온상, 마지못해 들어간 시골 고등학교에서도 나는 온실의 화초이기를 거부했다. 스스로 잡초가 되어 뿌리째 뽑히기를 바랐다.

두 번째 자퇴를 각오하고 선생님을 찾았을 때, 당신은 아무 말 없이 나를 꼭 안아주었다. 국어 시간 눈물로 시를 낭송하던 그 날처럼. 우리가 모르는 사이 세상에는 채 피기도 전에 시들어버리는 꽃들이 많다. 사람들은 시드는 꽃에는 관심을 주지 않는다. 아름답게 피는 꽃에만 물을 주고 귀하게 여긴다. 시들대로 시들어 고개조차 들 수 없던 나에게 선생님은 단비가 되어 주었다.

　누군가가 나를 인정한다는 것, 누군가가 날 위해 울어준다는 것, 때로는 작은 관심이 어떤 기도보다 위대하며 어떤 사랑보다 거룩하다. 두 번의 실패와 좌절로 부정의 늪에 빠져 허우적대는 나에게 선생님은 '인정'이라는 밧줄을 던졌고 나는 방황의 늪에서 탈출했다.

　어린 나이였지만 인생의 가장 밑바닥까지 가본 나는 안다. 사람은 돈만으로도 살 수 없고, 빵만으로도 살 수 없다는 것을. 돈도 빵도 모두 관계 속에서 유효하다는 것을. 관계에 실패하고 사람들로부터 부정당한 나는 한때 가장 추악한 방향으로 진로를 고민했다. 하지만 선생님은 인정이라는 힘으로 나의 부정을 단박에 긍정으로 바꾸었다.

　　　　"남자는 자기를 알아주는 사람을 위해 목숨을 바친다."

　〈사기〉에서 사마천이 말한 것처럼 나는 나를 끝까지 믿고 인정해준 선생님에게 실망을 안기고 싶지 않았다. 방황의 사춘기는 조금씩 색이 바랬고 나는 정상적인 삶을 향해 다시 도전장을 내밀었다.

　인생이란, 부정이 어느 순간 긍정으로 바뀌고 다시 긍정이 부정으로 바뀌기도 하는, 부정과 긍정의 사이를 오르내리는 롤러코스터는 아닐는지. 인정받는다는 것은 분명 긍정이지만 인정을 향한 과도한 집착과 의존은 오히려 치명적인 부정이 된다.

　부정에서 긍정으로, 멸시에서 인정으로 돌아온 나는 다시 희망에 부풀었다.

3장

180도, 결핍과 중독

"결핍은 그 반대를 겪어야 가능한 시시한 예술이다.
부자인 적 없던 가난은 가난일 수 없다."

에밀리 디킨슨의 시에 나오는 구절이다. 우리가 살면서 겪는 모든 결핍은 그 반대를 경험한 결과이다. 한 번도 부자였던 적 없는 사람에게 가난은 가난이 아니라 일상이다.

한때, 아시아에서 가장 가난한 나라 방글라데시가 세계 국가별 행복지수 1위를 차지했다는 보도가 있었다. 그들에게 가난은 우리가 생각하는 불행이 아니라 감사한 일상이었다. 불행히도 몇 년 후 방글라데시의 행복지수는 하위권으로 떨어졌다. 이유는 인터넷의 보급 때문이라는 조사 결과가 나왔다. 그들은 그동안은 알지 못했던 부자의 삶을 인터넷을 통해 경험한 것이다. 그로 인해 자신들이 얼마나 가난한지, 얼마나 굶주리는지 알게 된 것이다. 행복지수는 곤두박질칠 수밖에 없었다.

나는 이 일화를 듣고 경제적으로 부유한 대한민국의 행복지수가 왜 이렇게 터무니없이 낮은지 알게 됐다. 인터넷 보급률 세계 1위, 인터넷 속도 세계 1위, 우리는 그 어떤 나라보다 빠르고 방대하게 결핍의 반대, 즉 부자를 경험하는 나라다. 세상에 잘난 사람, 세상에 유능한 사람, 세상에 돈 많은 사람이 온천지에 널려 있다. 보통 이하의 경제력을 가진 대한민국 사람 90% 이상은 불행할 수밖에 없다. 상대적 빈곤감과 결핍감 때문이다.

결핍缺乏의 사전적 의미를 보면 '있어야 할 것이 없어지거나 모자람'의 상태를 말한다. 나에게도 평생을 두고 나를 괴롭히는 세 가지의 모자람이 있다.

첫 번째는 '돈'이다. 중학교 때 나는 3년 내내 반장이었다. 집안 사정이 유독 어려웠던 시기였다. 하루는 선생님이 나를 조용히 교무실로 불렀다. 부모님에게 전달하라면서 안내장 하나와 돈 만 원 남짓을 건네주셨다. 얼핏 본 안내장에는 '영세민 자녀'라는 글자가 보였다. 영세민은 지금으로 치면 '기초생활수급자'를 지칭한다. 그 돈의 의미를 모를 리 없던 나는 부끄러웠다. 더 창피한 일은 그다음에 일어났다. 반에서 공부도 잘하고 예뻤던 여학생 하나가 교무실로 들어왔다. 내 손에 들린 것과 똑같은 안내장과 돈이 그 여학생에게도 전달됐다. 무의식적으로 그녀와 눈이 마주쳤다. 그녀의 눈이 말했다. "반장, 너도?" 그 후로 나에게 가난은 너무나도 수치스럽고 숨기고 싶은 일이 되었다.

두 번째는 '학벌'이다. 대기업 공채로 당당하게 입사한 나에게는 동문이 없었다. 명문고 진학에 실패하고 시골에서 고등학교를 나온 나에게 고교 동문은 애초에 기대할 수 없었다. 지독한 방황 끝에 어렵사리

들어간 지방대 출신에게 끌어줄 대학 선배 역시 있을 리 없었다. 직장에서 인사상 불이익을 받을 때마다 나는 속으로 생각했다. '내가 당신들 대학 후배였어도 이렇게 했을까?'

세 번째는 '노력'이다. 나는 살면서 단 한 번도 최선을 다해본 기억이 없다. 그나마 운이 좋아 지금까지는 큰 어려움 없었지만, 나는 나의 모든 걸 불사르지 않았다. 그래서인지 마음 한편은 늘 아쉬움과 후회로 가득했다.

결핍이 무서운 건 결핍 그 자체가 아니다. 그 결핍 때문에 파생되는 중독이다. 나는 돈, 학벌, 노력에 대한 결핍감을 채우는 수단으로 술과 인정을 선택했다. 나라는 사람을 설명할 때 술은 결코 빼놓을 수 없는 단어였고 나는 술이라는 잘못된 수단으로 사람들에게 인정받으려고 했다. 결핍을 원인으로 시작된 과도한 음주와 인정중독은 정신과 건강 모두를 해쳤다. 삶을 보여주기에 급급한 쇼윈도로 전락시켰다.

나도 모르는 사이 중독에 빠진 나에게 삶은 놀이터가 아니었다. 알코올중독자가 술에 취하는 대신 현실의 삶을 버리듯, 인정중독에 빠진 나는 손쉬운 인정을 얻기 위해 진짜인 나를 버렸다. 알량한 자존심만 남은 잘난 척, 강한 척, 똑똑한 척, 부자인 척, 모든 '척'은 두려움과 결핍을 숨기기 위한 가면이었다. 가면을 쓴 자는 불안하다. 그 안에 있는 본 모습을 들킬까 봐 노심초사한다.

결핍은 중독을 낳고 중독은 불안을 낳는다. 그리고 그 불안은 결국 현실의 삶에 투영되어 비극을 낳는다.

4장

270도, 중독과 상실

"모든 중독은 당신이 무의식적으로 고통을 직시하지 않으려고 하기 때문에 생깁니다. 모든 중독은 고통으로 시작해서 고통으로 끝이 납니다."

『지금 이 순간을 살아라』라는 책에서 미국의 영성가 '에카르트 톨레'가 사용한 유명한 말이다. 톨레의 말처럼 나는 고통을 직시하지 않았다. 누군가가 나의 문제를 지적하면 나는 극구 부인했다. 술은 직장생활을 위해 꼭 필요한 것이라 우겼고, 나는 어디서든 신뢰받고 인정받는 사람이라고 스스로 위로했다. 심각한 착각이자 중독이었다.

우리가 중독이라고 이름한 것 중에 고통을 수반하지 않는 것은 없다. 중독이 고통스러운 이유는 자기가 가졌거나 가졌다고 믿는 것을 상실하기 때문이다. 결핍이 처음부터 없거나 모자랐던 것이라면 상실은 가진 것을 잃는 것이다. 결핍은 그 자체로 고통이 되지 않지만, 상실은 엄청난 고통을 수반한다. 죽음이 가장 고통스러운 이유는 자기가 가진 모든 것을 잃기 때문이다.

인정중독에 빠진 내가 가장 먼저 잃어버린 건 '나' 자신이다. 나를 잃어버린 사람은 죄인이다. 세상에서 가장 소중한 것을 잃어버렸기 때문이다. 나는 그 죄를 '나를 잃어버린 죄'로 규정했다. 죄인인 나에게 세상이 주는 형벌은 가혹했다.

나를 잃어버린 나는 결국 철밥통 같은 직장을 잃었다. 인정받지 못하는 직장에서 더는 기쁨을 느낄 수 없었고 나를 인정하지 않는 사람들이 미웠다. 직장을 잃자 불안감은 더해졌고 생계를 위해 투자한 돈마저 모두 잃었다. 사업에 실패했고 사람들은 모두 나를 떠났다. 피는 물보다 진하다지만 술은 분명 알코올처럼 가벼웠다. 술로 맺어진 인연은 알코올처럼 휘발되었고 나에게 남은 건 빈 술병뿐이었다.

나에게 결핍감을 주었던 돈, 인정이 차례로 사라지자 노력은 순식간에 무기력으로 바뀌었다. 주변의 모든 사람이 나를 비난하는 적이 되었다. 세상은 온통 지옥으로 바뀌었다.

'세상에 어떻게 이런 일이 나에게? 세상에 어떻게 너희들이 나에게? 세상은 어떻게 나에게 이렇게까지 가혹할 수 있단 말인가?'

마치 누군가가 고통의 시나리오를 가지고 나를 괴롭히는 듯했다. 그동안 가졌던 건 그 무엇도 내 것이 아니라는 걸 가르치듯, 쉽게 얻은 것은 쉽게 사라진다는 걸 보여주기라도 하듯 평생토록 소중하다고 여긴 많은 것들이 나에게서 사라져갔다.

결핍은 중독을 낳고 중독은 불안을 낳고 불안은 다시 상실을 낳았다. 결핍이 나에게 가져다준 건 안정이 아니라 불안이었고, 채움이 아니라 상실이었다.

결국 '모'만을 원했던 나에게 남은 건 형편 없는 '도'뿐이었다.

5장

360도, 다시 세상의 중심으로

"진정한 자기를 발견하기 위해서는 먼저 가짜인 자기를 잃어야 한다."

"To find yourself, you must first lose yourself

– Jared Leto"

프롤로그에서 소개한 바 있는 배우 '자레드 레토'는 명언 제조기로 유명하다. 그의 말처럼 진정한 '나'를 찾기 위해서는 먼저 가짜인 '나'가 죽어야 한다. 가짜인 에고가 두 눈 부릅뜨고 살아있는 한 내면의 진정한 나를 찾기는 힘들다.

진짜 꿀과 가짜 꿀을 구별하는 여러 가지 방법이 있다. 그중 가장 흥미로운 건 빨갛게 달아오른 철사로 꿀을 지지는 것이다. 지질 때 진짜 꿀은 맑은 거품이 생기면서 잡냄새가 나지 않는다. 반면에 가짜이거나 가짜를 섞은 꿀은 고약한 연기가 나면서 잡냄새가 난다.

우리 삶에서 빨갛게 달아오른 철사 역할을 하는 건 고통이다. 고통이 우리 삶을 아프게 지질 때 가짜는 고약한 연기를 피우며 사라지고 맑은 진짜가 나타난다. 동서양을 막론하고 쾌락을 통해 깨달음을 얻었다는 사람은 없다. 모두 고통의 밑바닥에서 진정한 자기를 발견한다.

나에게도 목숨을 버리고 싶은 고통이 있었다. 대기업에 다니며 남 부럽지 않은 삶을 살았고 운 좋게 미국에서 근무할 기회를 얻어 모든 사람의 부러움을 샀다. 행복은 영원할 것 같았다. 하지만 숨겨두었던 불안이 실체가 되어 현실에서 발현되자 불행은 쓰나미처럼 몰려왔다.

마지막 희망까지 무너졌다고 느꼈던 어느 날, 허무함보다 치욕감이 컸다. 문득 사람이 죽는 이유가 떠올랐다. 허무함을 이유로 죽는 사람보다 치욕감으로 인해 죽는 사람이 더 많을 거라는 생각이 들었다. 인정받기 위해 평생을 발버둥 치던 나의 모습이 한없이 초라하게 느껴졌다. 위로해 줄 가족마저 이역만리 먼 곳에 떨어진 지 3년, 술에 잔뜩 취한 어느 날 나는 나의 놀이터로 조용히 죽음을 초대했다. 죽음도 놀이가 될 수 있으리라 믿었다.

시간이 끊어지고 의식이 사라졌다. 한참이 지난 후, 꿈인지 생신지, 이승인지 저승인지 모를 혼돈 속에서 나는 나를 희미하게 인식했다. 삶인지 죽음인지 분간할 수 없는 어느 시공간에 나는 있었다. 내가 있다는 것에 안도감이 들었다. 그리고 점점 정신이 맑아졌다. 나는 숨 쉬고 있었다. 나는 살아 있었다. 내가 겪은 과거가 모두 꿈처럼 느껴졌고 살아있음에 나는 감사했다. 그 순간 나의 존재를 위해 기도했다.

'생을 가벼이 여긴 나의 죄를 용서하소서. 나에게 다가온 어떤 순간도 소중하지 않은 순간은 없었습니다. 나의 존재로 인해 모든 것이 살아있고 모든 것으로 인해 나는 존재합니다. 지금, 이 순간 존재할 수 있음에 감사합니다. 죽는 날까지 다시는 죽지 않겠습니다.'

우리의 존재는 잠을 통해 매일 죽는다. 자는 동안 몸은 사라지고 의식은 다른 차원으로 건너간다. 죽음을 시도하고 난 후 얼마 지나지 않아 나에게는 이상한 능력 하나가 생겼다. 언제든 마음먹고 눈을 감으면 몸이 사라지는 것이다. 몸이 사라진 자리에는 그 무엇도 존재하지 않는다. 오직 의식만이 존재한다. 의식은 모양도 색깔도 없고 맛도 향도 없으며 크기도 없다. 그저 '존재하지 않음'으로 존재할 뿐이다.

내가 찾은 나의 존재 또한 그렇다. 우리가 삶 속에서 추구하는 모든 걸 잃어도 의식만은 존재한다. 억만금을 가진 부자에게도, 한 푼 없는 거지에게도 의식은 동등하게 존재한다. 진정한 나의 것은 처음부터 나에게 있었던 것이어야 한다. 밖에서 얻은 것들은 결코 나의 것이 될 수 없다. 밖에서 얻은 모든 것들과 나의 몸까지도 나를 떠났다고 생각했을 때 비로소 나는 나에게 처음부터 있었던 것을 만났다. 그건 잃고 싶어도 잃을 수 없고 또 얻고 싶다고 얻어지는 것도 아니다. 그저 온 세상과 함께 하나로 존재할 뿐이다.

원래부터 있던 것, 그 누구도 빼앗아 갈 수 없는 것, 나는 드디어 나를 찾았다. 나는 비로소 다시 세상의 중심이 되었다. 삶은 태어나면서부터 시작되는 게 아니라 바로 지금 여기, 나의 발밑에서부터 시작이다.

| 에필로그

나를 찾는 여정

뉴턴이 죽기 전에 이런 말을 남겼다.

> "내가 세상 사람들에게 어떻게 보였는지 알 수 없지만, 내 눈에 나는 바닷가에서 노는 아이로 보였을 뿐이다. 인간의 발길이 전혀 닿지 않는 드넓은 진리의 바다, 그 앞에서 이따금 여느 것보다 더 매끄러운 조약돌이나 더 예쁜 조가비를 발견하고는 즐거워하는 아이였을 뿐이다."

내 삶의 목표는 언제나 '모'였다. 나는 최고여야 했다. 살아보니 아니었다. 삶은 '도'가 먼저였다. 도라는 한 걸음이 있어야 개, 걸, 윷, 모로 나아간다. 우리는 삶의 목적이 행복에 있다고 착각한다. 이 또한 아니다. 삶이 먼저고 행복은 삶의 많은 결과 중 하나일 뿐이다. 지금, 이 순간의 삶을 충실히 산 사람에게 결과로 따라오는 행, 불행은 중요치 않다. 오직 지금만이 우리 삶의 전부이므로.

나는 질문한다.
"세상에서 나를 찾는 일만큼 중요한 일이 있을까? 세상에서 나를 찾는 일만큼 시급한 일이 있을까? 세상에서 나를 찾는 일만큼 재밌는 일이 있을까?"

적어도 나에게는 나를 찾는 일보다 더 중요하고 시급하며 재미있는 일은 없다. 왜냐하면 나를 찾는 일은 돈이나 성공처럼 상대적인 일이 아니기 때문이다. 나를 찾는 일은 절대를 얻는 일이다. 우리는 누구나 0도인 절대에서 삶을 시작한다. 하지만 비교와 분별을 학습하면서 그 중심을 잃고 헤맨다. 정보와 지식이 쌓일수록 삶은 절대에서 멀어진다.

나를 찾는 여정은 0도에서 시작한 우리의 삶이 다시 원점인 360도로 돌아오는 길이다. 비교하고 나누는 어른들의 세상을 떠나 '더 매끄러운 조약돌이나 더 예쁜 조가비를 발견하고는 즐거워하는 아이'로, '진리의 바다'로 돌아오는 길이다. 진리는 변하지 않으며 쪼개지지 않는다. 개, 걸, 윷, 모는 쪼개지지만 도는 쪼개지지 않는다. 도는 진리요, 영원한 지금이다.

"인생 까짓것, 모 아니면 어떤가? 도든, 개든 윷놀이 한판 놀다 가면 되는 것을. 나랑 윷놀이 한판 신나게 놀아볼 사람 있는가? 지금, 여기 나의 놀이터로 오라! 얼쑤~~~!!!"

계절이 지나갈 때

김영신

| 프롤로그
| 1장 계절이 오기 전에
| 2장 봄에 만난 사람
| 3장 겨울에 떠난 사람
| 4장 계절은 지나가고
| 에필로그

| 프롤로그

나의 최초의 룸메이트는 할머니였다. 이야기꾼이었던 할머니에게서 자주 들었던 이야기가 있다. 주로 사자성어와 관련된 것들이다. 인생만사 새옹지마人生萬事 塞翁之馬라든가 대기만성大器晩成이라든가 만사형통萬事亨通과 같은 이야기다.

자주 아픈 내 배를 약손으로 늘 쓸어주셨고, 옛날이야기들을 조곤조곤 해주셨던 할머니는 내가 초등 5학년이 되던 이른 봄에 먼 곳으로 가셨다. 내가 이야기를 좋아하는 사람이 된 것은 할머니에게서 들었던 이야기의 씨앗들이 내 귓가에 숨어있다가 발화된 것인지도 모른다.

할머니는 겨우내 언 땅이 모두 녹아 할머니의 목소리처럼 부드러워진 선산에 묻히셨다. 아버지는 할머니를 땅에 묻고 오신 후 몰래 우셨다. 하필이면 그때마다 내가 잠들어 있다고 생각하며 아버지는 나의 머리카락을 쓰다듬어 주셨지만 사실 나는 깨어있었다.

꿈결 같은 세월이 지나고 보니 어느새 인생의 변곡점과 같은 기회들이 여러 번 주어진 것 같다. 오래전에 만났고 지금도 함께하는 사람들이 나를 형성한 변곡점의 주인공이다. 이 글은 사랑하는 사람과의 만남과 이별에 대한 이야기이며, 책을 읽다가 책을 쓰게 된 나에 대한 것이다. 이제 곧 집어서 그 시간으로 들어가 보겠다는 마음을 먹었을 뿐인데 어느새 이야기의 그림자가 현재의 시간에 얽힌 느낌이 든다. 과거에 감당하기에는 큰일이었던 사건들은 이미 마음 밭에 묻혔다. 이곳에서 살고 있는 한 그루 나무 같은 마음의 이야기를 하려고 한다. 결국 내가 하려는 이야기들은 그 나무에 맺힌 열매다.

나는 마음에 맺힌 열매 한 개를 따서 한입 베어 문다. 사랑, 결핍, 단절, 그리움의 맛이며 덜 여문 상처의 맛이다. 마음 안을 보기 위해서는 주변이 고요해야만 내가 나를 찾아갈 수 있다. 잠시 시간을 멈춘다. 완벽하게 단절된 마음 공간에 그 이야기들이 웅크리고 있다. 사랑하는 사람들은 너무나 일찍 사라지고, 그리움만이 활보하는 것 같다. 이제 나는 나를 드러내는 부담감을 진정시켜 감싸서 문장에 담아 볼 것이다.

당연히 지나간 일들은 자동 재생되지 않는다. 시공간 자체를 이동해야만 재생 버튼이 드러나는 것 같다. 그저 걷기만 해도 현재의 일부 생각들이 정지되면서 내면의 마음은 현재의 마음을 토닥여주듯 감싼다. 마음을 열어도 될 때다. 산책을 나서면 생각과 시간이 다르게 흐른다. 현재를 떠나 이국의 도시를 걷거나, 완벽한 타인들 틈에서 스스로 이국의 인물이 되는 것과 비슷하다.

사람의 삶은 서로 비슷해 보여도 모두 다른 시점의 것이다. 시점이 겹쳐지면 그대의 어느 일부와 비슷할 수도 있을 것이다. 나만의 변곡점에는 중요한 두 남자가 등장한다. 내 인생의 봄을 만든 사람과 황금빛 계절을 훌쩍 버리고 겨울로 떠난 사람이다. 이 사람들과의 추억은 계절이 순환할 때마다 다른 열매를 맺는 것 같다. 계절이 지나가는 이 시간 앞에서 그 열매에 대해 말해보려고 한다.

1장

계절이 오기 전에

어느날 집의 모든 가구에 빨간 딱지가 붙었다. 정확히는 진분홍에 가까운 빨간 표지인데 내 책상과 침대에까지 붙어있었다. 화가가 되고 싶어 학원에 보내달라고 할 중3 무렵이었다. 속의 말을 하기도 전에 실업계 학교를 가서 취업을 하라는 말을 들었다. 아버지는 공무원이셨고, 엄마는 1톤 트럭 두 대로 도매 물건을 소매점으로 배달해 주는 사업을 하고 있었다. 지금으로 하면 물류센터쯤 되는데 무엇인가 문제가 생긴 모양이었다. 집이 망한 것이다.

집이 망하고 심지어 엄마의 보살핌이 거의 없어진 사춘기 여학생이 할 수 있는 것은 현실을 잘 견뎌서 빨리 어른이 되는 것뿐이었다. 초등 5학년의 봄에 할머니가 돌아가신 후 나는 오랫동안 룸메이트가 없었다. 고3 봄에 서울대학교 법대에 진학한 사촌이 서울로 올라와 나의 룸메이트가 되었다. 이때부터 이상하게도 할머니의 말씀이 수시로 생각났다. "인생만사 새옹지마여. 내 아가는 대기만성할 거여. 만사형통할 것이여." 할머니의 목소리가 마음을 울렸다. 대학생 사촌이 부담스럽던 마음도 조금씩 진정되었다.

나는 예체능 계열을 잘했던 학생이었다. 다른 아이들보다 특별히 잘한 건 아닌데도 보이는 것들을 세밀하게 그리는 꼼꼼함이 있어 선생님들의 칭찬을 자주 받았다. 그림을 좋아하게 된 결정적 계기는 초등학교 1학년 담임 선생님의 '바다 위의 배'를 잘 그린다는 칭찬 한마디였다. 음악을 좋아하게 된 것은 피아노 선생님이 바로 뒷집으로 이사를 오셨기 때문이며, 운동을 좋아하게 된 이유는 더욱 단순하다. 중학교 때 오신 ROTC 체육 교생 선생님이 멋있었기 때문이었다. 모두 선생님들과 관계가 있다.

나도 나름 잘하는 것들이 있었다. 하이틴 소설을 손 글씨로 연재해서 친구들은 늘 나를 에워싸고 있었다. 친구들은 내가 쓴 소설 속 주인공인 소년과 소녀의 우연한 만남 이후의 이야기를 너무나 궁금해했다. 심지어 나조차도 그 이후의 이야기가 궁금해서 뒷이야기를 상상하는 고도의 집중력을 발휘했다. 전교 1등을 여러 번 해서 동네에 수재라고 소문났던 오빠와 수학을 엄청나게 잘하는 남동생 사이에서 오직 집에서만 존재감이 없었을 뿐이었다.

아무튼 평소에는 별로 고집을 부리지 않는 내가 고등학교는 인문계로 가겠다고 밥을 먹지 않고 버텼다. 교사가 되겠다고 인문계 고등학교를 보내달라고 요구했다. 날마다 울어서 눈이 빨간 나를 보다 못한 담임 선생님이 부모님과의 상담을 청한 후에야 나는 인문계 고등학교로 진학을 할 수 있었다. 그때부터였던 것 같다. 엄마는 지나칠 만큼 오빠와 동생만을 챙겼다. 나는 그림에 대한 꿈을 접으면서 돈이 들지 않는 나만의 표현 매체를 찾아냈다. 그것은 글을 쓰는 것이었다. 나는 이때부터 마음을 표현하는 글의 매력에 빠진 것이 틀림없다. 특히 영어 소설과 팝송은 더욱 넓은 세계로 떠날 수 있는 이상한 나라의 토끼

굴처럼 생각되었다. 내가 영어 이름을 앨리스로 지은 이유다.

고3의 봄이 지날 무렵 엄마는 빚에서 해방되어 제일 먼저 집의 인테리어를 시작했는데 할머니와 함께 잠을 자던 방이 부엌으로 바뀌는 구조였다. 내 방은 없어졌다. 4개월 정도 사촌과 함께 이모네 집에서 학교를 다녔다. 권사님이신 이모는 엄마와 많이 달랐다. 학교생활을 묻고 뭘 자꾸 챙겨주셨다. 이모가 진짜 엄마가 아닐까 하는 막장 드라마를 상상한 적도 있다. 그러나 뾰족한 성격과 무엇에 대한 집착이 거의 일치하는 성향으로 보아 나는 엄마 딸이 분명했다.

대학에 가니 정말 궁핍해졌다. 청바지와 운동화만을 신고 나는 거의 돈이 들지 않는 생활을 했다. 특히 대학 동아리 HAM은 유학을 하지 않고, 미국인 영어 회화반을 수강하지 않아도 무선 통신으로 영어 회화를 실제로 할 수 있다는 점이 나를 이끌었다. 공과대학 꼭대기 층의 동아리방에는 노트 한 권이 있었다. 그 노트에는 어떤 생각들을 적는 것이었는데, 내 생각의 일부가 외부로 노출된다는 점에서 일종의 출판물 같았다. 내 생각을 누군가에게 노출한다는 것은 어떤 각오를 해야만 가능한 것이다. 불특정의 독자를 겨냥한 글은 아니고, 일기도 아니면서 동아리 구성원들이나 그 글을 읽는 이들을 대상으로 쓰는 A4 한쪽 분량의 글은 4년 내내 발행되었다.

이제 생각해 보니 어쩌면 나는 무선 통신보다 노트에 한 쪽씩 글을 발행하기 위해 동아리방을 다녔던 것인지도 모른다. 나의 결핍과 꿈과 희망까지 아울러 표현할 수 있는 글쓰기는 내 삶의 등불이 되어주었다. 나는 그 공책에 다가올 날에 대한 기다림, 그날의 감정, 해야 할 과제에 대한 부담감, 제인 오스틴의 문학과 버지니아 울프의 문학 비평에 대해 썼다. 글 한쪽을 쓰고는 후련해진 마음으로 중앙 도서관에 공부하러 갔다.

2장

봄에 만난 사람

 사람이 사람을 알아보는 시간은 찰나에 가깝다. 대학을 막 졸업한 그 당시에 나는 현재란 미래에서 보면 과거이고, 미래란 현재를 바꾸는 유일한 기회라고 생각하는 시간 여행자에 가까웠다. 적당한 때에 더 이상 나이를 먹기 전에 짝을 만나야 한다는 어른들의 말이 일상을 점령하던 시대의 끝 지점쯤에 서 있었다. 노랫말 중에서도 '봄날은 간다'와 같은 마음을 휘젓는 가사에 오랫동안 가스라이팅을 당한 듯하다. 나는 젊은 시절이 인생의 봄이라는 확증 편향에 시달린 것이 분명하다.

 인생의 봄날은 정말 봄날이라서였는지 아주 서서히 온도가 오르다가 어느 순간 봄꽃이 피듯이 J가 나타남으로써 봄날이 된 것은 분명하다. J의 등장이 있는 그 지점에 이르러서야 비로소 나의 삶이 변했기 때문에 J의 등장은 봄날의 시작이기도 하고 변곡점이다. 삶의 무수한 굴곡 중에서 이전과는 완전히 다른 가슴 떨리는 변화의 지점에서 과감하게 한 걸음 내딛는 만남이었다. 그 이야기는 이렇다.

대학 졸업 직후 남자 친구도 없는 4월의 봄날이었다. 벚꽃이 피자 온갖 꽃들이 갑자기 우르르 피었으며 친하게 지내던 친구들은 갑자기 데이트로 분주했다. 친구들이 분주한 데이트로 바빠지자, 상대적으로 우울해진 나는 사촌 형부의 소개로 J와 만나볼 결심을 했다. 막 피려는 벚꽃을 떨구어 내리는 듯 봄비는 끊임없이 내렸으며 날씨는 아직 쌀쌀했다. 나는 J를 만나기 위해 A 도시로 내려갔다. J는 프로젝트 업무로 바빴기 때문이었다. 지금도 나는 나의 이런 쿨한 점이 대견하다. 왜 내가 가느냐고 꼬장꼬장하게 굴었다면 J와의 만남은 아마도 훨씬 뒤로 미루어졌을 것이다. 어차피 만나야 할 사람이라면 빨리 만나는 것이 좋겠다고 생각했던 나는 시간 여행자임이 분명했다.

전철을 타고 가는데 A 도시에 무슨 볼일들이 있는지 사람들은 많고 앉을 자리는 없었다. 치마와 어울리도록 새로 구입한 뾰족구두는 발을 조여 왔다. 약속 시간에 맞췄지만 5분 정도 이르게 도착한 커피숍을 천천히 둘러보았다. 키 큰 사람이라 한눈에 알아볼 수 있다는 남자는 없었다. 주책맞게 너무 일찍 왔다고 생각하며 좀 민망해진 나는 창가 쪽 자리에 앉아 커피숍에 무조건 딸려 나오는 보리차를 홀짝거렸다.

곧 어떤 사람이 문을 열고 들어왔다. 심장이 북처럼 소리를 내며 뛴다는 것을 알았다. J였다. 커피숍의 많은 사람 중에 그는 내가 나인 줄 어떻게 안 것인지 곧장 내게로 왔다. 잘생겼다. 서로 통성명을 한 후 서먹할 때 J는 어떻게 이 도시까지 올 생각을 했느냐고 물었다. 당신을 만나러 오고 싶어서 왔다는 말에 J는 갑자기 밥을 먹자고 했다. 오징어볶음을 잘하는 집이 있다며 성큼 나를 데리고 갈 때 살짝 설레기도 했던 것 같았는데 암튼 날은 아직 좀 추웠다.

드라마나 영화에서의 살짝 추운 날에 서슴없이 남자 주인공이 윗옷을 벗어 여자 주인공에게 걸쳐주는 모습을 기대했다. 좀 춥지 않냐고 하는 나의 신호에도 J는 흔들림 없이 본인도 춥다며 오히려 본인의 옷깃을 단단히 여미는 것이었다. 추운데 허세로 옷을 함부로 벗어서 낯선 여자에게 걸쳐주지 않는 모습은 절반쯤은 좋았고 나머지 절반쯤은 서운했다. J가 대학 동아리의 남자들과 다른 것이 무엇인가의 궁금함이 밀려왔다.

그 오징어볶음은 맛있었다. 쫄깃한 오징어를 하나 먹으면 입안이 얼얼해져서 물을 마셔야 했다. J는 오징어에 콩나물을 섞어 따뜻한 밥 위에 얹어 먹으면 더 맛있으니 이렇게 먹자고 했다. 처음 만난 남자와 시장 안에서 웬 오징어볶음을 먹다가 영화 보러 갈까요? 하는 말에 나는 오징어볶음과 콩나물을 한입 가득 우물거리며 고개를 끄덕였던 것 같다. 분명히 말하지만 처음 만난 J가 좋아서 끄덕였던 것은 아니다. 나는 소설이 진정한 문학이라고 생각하는 사람이며 이야기를 영상에 담은 영화 예술의 중독자이기도 했기 때문이다. 늦은 시간에 집으로 돌아갈 때 또 만나자는 말에도 아주 빨리 고개를 끄덕였는데, 그것은 막차가 끊길까 걱정이 되었기 때문이었다고 말하고 싶다.

다시 보자고 애프터를 한 사람이 정시에 오지 않아 당황했다. 야구복을 입고 야구 동호회에서 운동하다 늦었다며 30여 분 후에 달려온 그 사람을 어떻게 알아내야 할지 난감했다. 미리 와서 기다려 주지도 않다니 남자의 잘생긴 외모가 뭐 그리 중요한가. 그만 만나야겠다고 야무지게 생각했다. 그 무렵의 나는 생각들이 얽혀 있었다. 대학원에 가서 공부를 계속해야겠다는 생각과 대학원에 들어가면 들어갈 학비와 생활비 등과 같은 것이었다. 더군다나 주변을 서성거리던 동아리

선배 X도 제풀에 지쳐 어떤 여자랑 서둘러 결혼을 해버렸다. 나는 교사가 되기는커녕 적성에 맞지 않는 어느 중소업체의 비서실 끝자락에서 종일 전화를 받고 있었다.

그날도 밤새 봄비가 내렸다. 사촌 언니는 J가 새 옷을 샀으며 날마다 누군가의 연락을 기다리는 듯하다는 내용의 전화를 걸어왔다. 사람을 만날 때 세 번은 만나봐야 하지 않느냐는 언니의 말에 마음도 봄비에 젖어 보들보들해진 나는 J를 한 번 더 만나볼 결심을 했다. 서울 변두리가 고향이라는 공통점을 가진 우리는 당시 서울의 중심인 종로에서 만나기로 했는데, 놀랍게도 J는 종로의 할아버지들과 유사한 모양의 점퍼를 입고 나왔다. 어디서도 구하기 힘들 것 같은 진한 밤색과 황토색의 중간쯤 되는 점퍼는 범상치 않은 그를 보여주는 것 같았다.

J의 옷차림에 너무 놀란 나는 나를 돌아보았는데, 나 역시 만만치 않은 높이의 빨간 구두와 허리에 리본을 묶은 물방울무늬의 놀랄만한 폭을 가진 치마를 입고 있었다. 우리가 세 번째 만난 종로 2가의 종로서적 뒤편의 반줄이라는 이름의 경양식집에는 어떤 팝송이 흐르고 있었는데, J는 그 노래들을 꿰고 있었다. 그는 영어계의 숨은 고수가 틀림없었다. 그 어디에서도 들은바 없는 듯한 유창한 영어로 그 노래를 부른 가수의 이름을 말할 때 그와 눈이 살짝 마주친 것 같았다.

대견하게도 나는 J를 알아본 것이다. 그는 다방면으로 말이 많은 내 말의 핵심을 들을 줄 알았다. 그는 대학 동아리나 학과의 남사친들과는 차원이 달랐다. 남사친들이란 대부분 공적인 관계로써 함께 공부하며 시험 정보를 공유하거나, 동아리 활동의 부수입을 위한 각종 행사의 조명설치에 바빴다. 그들은 입이 심심하면 주전부리를 사러 돌아다니는 티라노사우루스 같은 친구들이었다. J는 달랐다. 내 인생에 예고 없이 들어온 외부의 침입자로서 어떤 정보도 없이 오직 내가 아이디와 비번도 알아내어 열어야만 하는 새로운 파일이 틀림없었다.

신기하게도 대학 동아리의 남자들은 오래전 지구상에 존재한 공룡들처럼 한 번에 몰려왔다가 한 번에 나가며 남자들끼리 휩쓸려 다녔다. 누구는 무선 리그의 조립에, 누구는 컴퓨터에, 누구는 유창한 영어회화를 익히기 위해, 종강하면 놀러 갈 계획에 몰두해 있었다. 어떻게 공대남들이 빽빽한 동아리에서 변변한 연애도 없이 여대생들 몇몇과 절친이 되어 중앙 도서관과 두 개의 전공수업을 옥수수알갱이처럼 알차게 채우며 지냈느냐고 묻는다면, 그 공책 때문이었다.

아무튼 J는 다방면으로 말이 많고 특히 무선 통신에 필수인 안테나와 같은 이야기를 좋아하는 내가 신기했을 것이다. 그때는 역사의식이 가득한 도시에서 잔혹한 행위의 원죄를 저지른 군사정권 이후에 본인은 보통 사람이라고 주장하던 사람이 대통령을 하던 때였다. 그 얘기를 할 때 그는 눈빛이 반짝이더니 대학에서 민속극연구회인 탈춤반을 했다는 것이었다. K 대학의 탈춤반이라면 역사의식이 가득하기로 유명한 동아리였다. 공대생이 민속극연구회에서 탈춤을 추었다니 더욱 궁금해졌다.

주변의 친구들이 일제히 내게 물었다. 뭐 하는 남자냐, 대학은 어디를 나왔냐, 재산은 좀 있는 집 자식이냐, 키는 크냐, 고향은 어디며 형제자매는 몇이냐 등을 두서없이 물었다. 겨우 세 번밖에 만나지 못했으며 아직 아무 사이도 아닌, 그냥 아무개라고 대답하는데, 순간 그의 목소리가 마음을 스쳐 간 것 같았다. 세 번만 만나보려 했는데, 이미 세 번을 만났으니 이제 더 못 만난다면 아쉬울 것 같았다. 아직 핸드폰이라는 통신기기가 상상조차 되지 않던 시절의 봄밤이었다. 회사에서 내가 굳이 전달받지 않아도 되는 시시한 물건을 업체에서 전달받고 나니 만나기로 한 약속 시간은 세 시간이나 늦어 있었다. 이 사람에게 가야 한다는 약간의 생각 2%가 긴가민가하는 마음에 더해져 그를 좋아한다는 51%의 결괏값으로 바뀔 때 그토록 마음이 조급할 수 있음을 비로소 알았다. 늦도록 J가 거기에 기다리고 있었다. 봄날이고 밤은 깊어 있었다.

사실 J와 세 번을 넘어 네 번, 다섯 번을 만난 것은 그와 처음 만난 날 먹은 오징어볶음이 너무 매워서 할 수 없이 밥 한 공기를 싹싹 다 먹었기 때문이었다. 내가 그렇게 밥을 많이 먹는 여자가 아니라는 것을 보여주고 싶기도 했다. 대학 MT에서 경월이라는 이름의 소주 반병에 취해 다음날 하루 종일 어지럼증에 시달렸던 일을 잊고 나는 그만 J와 소주 한 잔을 마시고야 말았다. 심장의 두근거림이 빨라지고 답답해지면서 얼굴은 붉게 달아올랐다. 서로의 시선이 얽혔던 것도 같다.

그날그날의 이야기들, 별거 아닌 영화 줄거리들, 날마다 먹는 저녁밥들을 공유하다 우리는 드디어 바다에 가기로 했다. 푸른 하늘과 수평선이 이어진 푸른 바닷물이 백사장에 넘실대는 이미지의 바다는 고속버스 안에서의 멀미로 사라져갔다. 멀미가 난다는 내게 J는 갑자기 내 귀에 손나팔을 만들어 귓속말하기 시작했다. 성대모사로 어떤 개그맨의 흉내를 내는데 그 얘기에 홀려 언제 멀미가 사라졌는지 몰랐다. 드디어 나는 남편을 만난 것이다. 내 삶은 J를 중심으로 이전과 이후가 홍해 바다처럼 갈라졌다.

나는 그때 현실을 자각했다. 마음이란 상대방에게 쏠리는 지점의 과반이 넘으면 걷잡을 수 없다는 것을. 한 팀이 되어 결혼하고, 부모가 되어도 각자의 추위는 각자의 보온으로 잘 여며야 한다는 것과 멋진 한 팀이 되려면 나 자신도 멋진 짝이어야 한다는 것을. 그는 내가 지닌 어떤 결핍이 중요하지 않았으며 그의 어떤 결핍도 내게 중요하지 않았다. J는 어떤 판단에 있어 해결책을 제시할 줄 아는 사람이었다. 즉, 삶의 복잡한 어떤 상황에 이르러 갈피를 잡지 못할 때 최종 의견을 말할 줄 알았다. 이를테면, 이 만남에 갈까 말까, 짜장면을 먹을까 짬뽕을 먹을까, 5만 원을 할까 10만 원을 하겠느냐와 같은 소소한 상황에서 분명한 진단을 내릴 줄 알았다.

아버지는 J를 집에 데려오라고 했으며, 처음 J를 집에 소개한 날 아버지는 웃었고 엄마는 내게 눈이 삔 것이냐는 말을 했다. 아버지는 J의 인품이 마음에 든다고 했고 엄마는 뭘 먹고 살 것이냐는 말을 했다. 아버지는 J가 돌아간 후에 내게 아이가 참 마음에 들어 든든하다고 했다. 점잖아서 좋다고 오랫동안 혼잣말을 하셨다. 엄마는 네가 무엇에 홀린 것이 분명하며, 애가 얼굴이 뾰쪽하니 싱겁게 키만 크고 둘이 살 집도 없어 시어머니와 시누이가 함께 살아야 한다니 이런 집에 시집을 보내려고 대학을 보낸 것이 아니라며 싫다고 하셨다.

그러나 나의 J는 잘생겼다. 심지어 뇌도 섹시한 남자였다. 대학에서 지난 4년간 아마추어 무선 동아리 HAM이었던 나는 전공과는 상관없이 어떤 이음의 연결에 매력을 느껴왔다. 그는 기계조립에 필수로 들어가는 전선 이음새의 조각인 RG 58의 개발자였다. 그를 만난 후, 나는 변화되어야겠다는 기특한 생각을 했다. 중소업체의 비서실을 박차고 나와 어느 사립 특성화 고등학교의 교사 시험을 보았으며 운이 좋게도 시험을 잘 보고, 면접을 잘하여 교사가 되었다.

   그 봄날은 신비롭고 아름다워서 J가 머리카락이 모조리 빠진 노인이 되어도 내게는 여전히 싱싱하고 푸릇할 것임을 알았다. 사랑 앞에서 발전하고 싶어졌고 용기를 내어 결국 교사의 꿈을 이루었던 적극적인 나를 만났다. J와의 사랑은 내 인생을 바꾼 변곡점이었다. 나는 아름답고 푸른 봄날의 사랑 이야기를 열며 어떤 그리움으로 가득해졌다.

3장

겨울에 떠난 사람

　가을이 깊어 지고 초겨울이 가까워질 때는 그 사람이 그리워서 눈물이 난다. 마음의 어딘가에서 여물어서 무거워진 도토리 같은 이야기들이 내 눈물처럼 툭툭 떨구어진다. 겉보기로는 알 수 없는 작고 단단한 도토리 열매 같은 이야기들이다.

　이제 나는 내가 사랑했고 나를 사랑했던 그리운 사람의 이야기를 하려고 한다. 물론, 이런 이야기들은 대부분 마음의 기억 저장소에서도 가장 깊은 곳에 보관되어 있다. 이 이야기를 굳이 말하려는 것은 이 사건으로 내가 나를 읽는 시각이 바뀌었기 때문이다.

　나의 그리움에는 상실과 죽음이 포함되어 있다. 죽은 사람들이 나의 일부를 이루고 있다. 대부분 사랑하는 사람과 관련된 일이다. 사랑하는 사람이 죽고 나면, 그 사람이 그리워서 마음이 아픈 시간이 지나가기를 기다릴 뿐이다. 마음이 아픈 데는 어떤 약도 처방도 없다. 오직 시간만이 약이다. 계절이 무심하게 지나가고, 철쭉마저 시들고, 싱그럽게 돋는 나뭇잎들이 무심하게 살랑거리는 거리에는 사랑하는 사람은 사라졌다. 내가 구체적으로 부르고 싶은 사람의 이름은 대명사로만 나타난다. 그는 나의 아버지다.

아버지는 우리나라의 민간에 떠도는 아홉수를 넘기시지 못하고 79세에 돌아가셨다. 버스 교통사고를 당한 후 너무나 빠른 속도로 신장 투석을 해야만 하는 중증 당뇨 환자가 되었다. 아버지는 집안 형편이 어려워 아버지의 고모 댁에서 고등학교를 겨우 다니시고 대학은 야간의 법학부를 수료하셨다. 배가 고파서 늘 물을 한 바가지씩 마셨다고 했는데, 오래된 아버지의 사진에는 눈빛이 선명한 야윈 학생이 이쪽을 바라보고 있다.

아버지 역시 가부장적 가치관이 심하신 분이라서 이미 아들을 둘이나 두셨지만 유일한 딸인 내가 무엇을 좀 잘하면 네가 아들이었어야 했다는 말씀을 자주 하셨다. 듣기 싫던 그 말은 아버지의 칭찬이었을 것이다. 아무튼 나는 돈이 없는 집안에서 실업계 학교 대신에 서울 광화문에 있는 명문 여자고등학교와 100년이 넘었다는 대학에 진학했다. 엄마는 등록금을 걱정했으나 아버지는 내가 교사가 될 수 있겠다고 하시며 좋아하셨다.

아버지는 공직을 최고의 직업으로 생각하셨다. 아버지는 원주(原州) 김가의 18대 조상이신 희곡 정승이 좌의정 벼슬을 하신 일화를 명절 때마다 반복해서 말씀하셨었다. 아무도 들으려 하지 않는 똑같은 레퍼토리를 평생 고개를 끄덕이며 들어준 자식은 나뿐이었다. 그러나 나는 과거 조상들의 업적이나 과오가 현세에 영향을 주는 것에 대해 무심한 딸자식이었을 뿐이다. 이런 아버지는 땅에 대해 욕심이 있어 공무원의 박봉을 모으고 모아서 아버지 고향인 서산에서 좀 먼 곳의

임야를 틈틈이 사들이셨다.

그 산에 할아버지들의 묘를 이장하고 어떤 조성을 할 때 내게도 연락이 왔다. J는 부모님의 말씀이라면 순종하는 사람이었다. 작은 일부의 돈이라도 흔쾌히 보내드렸으며, 부모님들 살아 계실 때 용돈을 드려야 한다며 내가 미처 생각지도 못한 큰돈도 훌쩍 보내드리곤 했다. 아버지는 신장 투석을 제때 하시지 못해 설 명절 직후에 돌아가셨다. 아버지는 나를 따로 불러 할 말이 있다고 아무도 없을 때 오라고 하셨다. 그 말이 무엇인지 나는 결국 듣지 못하고 아버지를 그 산에 묻었다. 산 중턱 아버지의 할아버지 무덤이 있는 곳까지 포크레인이 미리 와 있었다. 아버지를 언 땅에 묻으려고 포크레인이 땅을 팔 때마다 내 마음이 남김없이 파헤쳐지는 것 같았다.

유난히 춥던 그해 겨울에 아버지가 돌아가시기 전까지 나는 겨울을 좋아했다. 겨울은 뜨끈한 국물이 맛있고 가족들과 군고구마와 군밤을 까먹기만 해도 좋은 계절이다. 눈이 내리면 흰 눈이 소복하게 덮어주는 도시의 풍경들은 가슴 두근거리도록 설레고, 특히 겨울 나뭇가지마다 쌓인 눈꽃을 따라 등산화를 야무지게 신고 J와 동네의 호수공원까지 한 바퀴 돌아오는 시간은 황홀하게 아름다웠다. 흰 눈에 반사된 밝은 표정을 따라 삶의 소소한 행복이 가득했기 때문이었다. 그러나 나는 아버지를 선산에 묻고 온 이후에는 겨울이 오려는 가을부터 심하게 앓았다.

환절기마다 몸살 같은 병을 앓으며 나는 부모 형제와의 기억이 아름답기를 바랐다. 내가 나를 자책할수록 그리움조차 날카롭게 떠올랐다. 내가 나를 따뜻하게 품을 때 사랑하는 사람들이 마음 밭에 심어둔 씨앗들이 발화될 것이라고 생각했다. 너그러움만이 지난 추억들을 아름답게 변화시킬 수 있음을 알았다. 여전히 마음 안에는 마법처럼 사랑의 추억들이 나타난다. 아버지는 버스 정류장에서 나의 늦은 하교를 기다리시다가 내가 내리면, 반갑게 웃고 계셨다. 무거운 책가방을 얼른 받으시고 손을 잡으셨다. 아버지와 손잡고 집까지 걸어오면서 학교에서 있었던 얘기들을 쏟아내면 나의 그리운 아버지는 충청남도 서산 해미의 바닷가 억양으로 늘 격려의 말씀을 해 주셨다. 내가 사랑했고 나를 사랑한 아버지의 기억은 흰 눈처럼 내 마음에 소복하게 내려 이제 어떻게 살아야 할지 흔들리는 마음을 감싼다.

4장

계절은 지나가고

　나는 쓰는 사람 이전에 읽는 사람이었다. 책을 읽다가 어떻게 글을 쓰는 사람이 되었는지, 어디에서 마음이 쉬어가는 지와 같은 소소한 이야기를 하려고 한다. J가 해외주재원 생활을 하던 말레이시아 페낭에서 우리 가족은 5년 만에 돌아왔다. 나는 외국 생활 후 우여곡절 끝에 다시 교사가 되었다. 이 무렵에는 한국 생활에 적응해야만 하는 사춘기의 아들과 딸이 늘 마음에 가득해서 책을 쌓아 놓고 읽을 수 없었다. 시간은 무심하게 흘러 아이들은 대학생이 되었으며 곧 어른이 되었다. 두 아이 모두 수능을 두 번씩 치르고 본인들이 원하는 전공을 선택해서 저마다의 인생의 길로 떠났다. 이 시점에서 중요한 것은 선택된 길로 들어간 것이 아니라 본인들이 그 길을 선택했다는 것이다.

　차츰 아이들의 양육에서 벗어나게 되자 방학이면 새 학기를 위한 교육 자료와 평가 문항까지 모두 제작해 두고 J와 해외의 도시들을 돌아다니는 배낭여행을 했다. 그리고, 모든 날 모든 시간에 책을 읽었다. 교사가 되어 좋은 혜택이 몇 있다. 당연한 이야기지만, 새 학기를 위한 교육 자료를 계발하는 재충전의 시간인 방학이 있고 학교 도서관이 지척에 있다는 것이다. 읽고 싶은 책을 신청해서, 반납일의 제한 없이 쌓아두고 읽을 수 있는 학교 도서관이 평생 곁에 있었다. 책을 읽으면, 책은 또 다른 책의 길로 이끌어 주었다. 매일 책 한 권씩 읽으며 죽기 전까지 다섯 수레의 책을 읽겠다는 야무진 목표를 세우고 책의 길로 들어갔다.

책을 읽으며 문장을 수집하는 나비처럼 살던 어느 날 드디어 운명적인 책을 만났다. 박웅현 님의 〈책은 도끼다, 2011〉이라는 책에서 프란츠 카프카의 문장을 만난 것이다.

우리가 읽는 책이 우리의 머리를 주먹으로 한 대 쳐서 우리를 잠에서 깨우지 않는다면, 도대체 왜 우리가 그 책을 읽는 거지? 책이란 무릇 우리 안에 있는 꽁꽁 얼어버린 바다를 깨뜨려버리는 도끼가 아니면 안 되는 거야.
-1904년 1월, 친구에게 보내는 카프카의 편지-

나는 박웅현 님이 인용한 이 문장을 통해 내 안의 얼음을 깨고 변화되지 않으면 다섯 수레의 책을 읽어도 별 의미가 없음을 깨달았다. 이전부터 알던 문장이었으나 어느 순간 마음 안의 책의 장벽이 무너져 느껴진 것이 맞다. 누구의 말이 마음을 후려치다 못해 머리를 때리는 느낌은 이후 읽는 책마다 계속되었다. 김유진 님의 〈지금은 나만의 시간입니다, 2021〉의 책에서 만난 랍비 힐렐의 문장에 이르렀을 때 나는 내가 쓰는 사람이었다는 것을 기억해 냈다.

내가 나를 위하지 않으면 누가 나를 위해 줄 것인가? 그리고 지금 하지 않으면, 언제 하겠는가? -랍비 힐렐-

그러나 막상 뭔가를 쓰려고 하자 쓰는 것은 읽음과는 다른 세계였다. 마음을 쓰고 싶은데 내 마음을 어떻게 꺼내야 하는지 몰랐으며, 몇 줄 쓰지도 않았는데 벌써 문장과 문장 사이에서 숨이 찼다. 학생 시절에 문학반을 했었다는 기억들은 도움이 되지 않았다. 도움이 되었다면 대학 동아리방에서 4년 동안 매일 A4 용지 1장에 채워 쓰던 그때의 감정들이었다. 날마다 쓰던 나의 미발행 글들과 작가가 되어 글을 쓰며 살고 싶다는 꿈이 시간 속에 있었다. 그 시간이 기억나자 드디어 글의 감정들이 생생하게 돌아났다.

마침내 쓰고 또 쓰던 글의 감정들이 나타났다. 주변을 에워싸고 있던 것들에 관해 쓰면서 마음에 가득 차오르던 감정들이다. 나는 오직 나만을 위한 공간, 나만을 위한 쓰는 시간을 확보하기 위해 이른 새벽에 일어나 글을 쓰기 시작했다. 쓰는 것은 나를 읽어야만 가능한 일이라 나는 마음속으로 들어가 어렸던 나와 자주 만났다.

현재의 나는 과거의 내 손을 잡고 어떤 결핍을 채우러 돌아다니기 시작한 때도 이 무렵이다. 떡볶이를 먹으러 돌아다니고, 때로는 이상한 나라의 앨리스 스티커를 샀으며, 주머니 가득 출판단지에 떨궈진 도토리들을 주워 담기도 했다. 아버지 무덤으로 올라가는 산길에 가득한 상수리나무들도 지천으로 도토리들을 떨궜다. 아버지를 그리워하며 도토리에 집착하는 내게 J가 크고 튼실한 도토리들을 주워 주머니에 슬쩍 넣어주었다.

나는 그 도토리들을 파주 출판단지에 소풍 나온 어린이들의 손에 가득 담아주었다. 젊은 부부와 어린아이들이 동시에 감사의 인사를 할 때 하늘 저편에서 아버지가 웃고 계신 것 같았다. 그제서야 눈물이 났다. 이 무렵에는 스페인어 피난처, 쉬는 공간이라는 의미의 퀘렌시아라는 말을 한동안 많이 쓰곤 했다. 투우장의 소가 지치고 힘들면 찾아서 숨을 고르는 공간이라고 한다. 나는 숨을 고르고 싶을 때마다 버지니아 울프의 '자기만의 방'이 생각났다. 파주 출판단지는 '자기만의 방'을 원하는 내게 평온하게 글 쓰고, 책 읽고, 산책하는 소풍의 공간이다.

　내가 나만의 장소로 쉬는 출판단지 가장자리 쪽으로는 신기한 길도 있다. 자유로가 생기기 전에 한강지류를 막던 것으로 보이는 걷기 쉽지 않은 작은 돌무더기 흙길이다. 출판단지에 지천인 아름드리 상수리나무들이 빽빽하고 자목련이 드문드문 아련하게 있는 길이다. 이 길을 걸으려면 넘어지지 않도록 발밑을 바짝 잘 보아야 하는데 발아래 흙길이 정답다. 이 길은 걷는 사람도 별로 없다. 몇 년간 누구를 만난 일이 거의 없으며, 자전거 동호회 라이더들만이 길을 스치듯 달아날 뿐이다. 청설모 몇 마리도 제집을 지키려는 듯 도망가지 않는다. 지나간 일들이나 아직 오지 않은 일들은 생각나지 않는 곳이다. 현재에 머물러 아버지에 대한 그리움이나 내가 나를 자책하는 아쉬움 같은 마음도 툭 내려놓는 장소다.

　이곳은 자유로를 따라 도라 전망대 쪽으로 올라가는 길, 심학산이 우측으로 보이는 곳이다. 처음에는 지혜의 숲 도서관과 한옥이 좋아서 자주 갔다. 우연히 파주 북소리라는 가을 책 행사 때 풀밭 광장을 알게 되었다. 풀밭에 돗자리를 펴고 점심을 먹고, 엎드려 책을 읽곤 했다. 날이 추워지거나 더워지면 길 건너 출판사 카페로 들어간다. 수업자료 몇 가지를 후딱 만들고 시험 문항도 마저 출제한 후에는 음악을 들었다.

그 카페에는 유난히 스피커가 좋을 뿐만 아니라 클래식도 원 없이 들을 수 있는 곳이다. 우리 집 서재에서도 정발산 평심루가 보이고, 음향이 만만찮은 스피커가 있다. 그러나 공공장소에서 완벽한 타인들 사이에 섞여서 두어 시간 꼼지락거리는 맛은 내게 일이라기보다는 휴식에 가깝다. 토끼풀들이 지천인 풀밭에서 돗자리를 깔고 행운의 네잎클로버를 찾으며 놀다가 J가 낮잠에라도 들면 나는 행복한 마음으로 책을 읽었다.

토끼풀밭으로 소풍 다니며 읽고 책의 서평을 쓰며 소소하게 지내던 때에 갑자기 코로나 시기가 되었다. 어디에도 자유롭게 갈 수 없게 되자 나는 블로그를 열었다. 아이디는 붓꽃의 영어 이름 아이리스로 정했다. 좋은 소식이라는 꽃말이며 인상파 화가인 모네가 실명하는 도중에도 끊임없이 그렸던 물의 꽃이다. 아침에 마음의 글을 쓰고, 부지런히 읽은 책의 서평을 쓰면서 이웃들과 소통하다가 마침내 블로거들과 모여 첫 에세이를 출간했다. 그렇게 나는 작가가 되었다.

에필로그

 당신 이름 앞에 무엇이 붙으면 좋겠느냐는 질문을 받은 적이 있다. 교사와 작가를 붙이고 싶다고 하자 하나만 선택하라고 했다. 나는 잠시 머뭇거리다 교사를 선택했다. 평생을 가르치는 사람으로 살아온 나의 정체성이 나를 선택한 것이다. 앞으로 계속 책을 쓰면 무조건 작가라는 따뜻한 조언이 마음을 감쌌다. 교사는 정년이 있으나 작가는 정년이 없으니 앞으로 40년은 책을 쓸 수 있다는 말에도 울컥했다. 나는 내가 애정 결핍인 줄 알았는데 인정 결핍도 심한 사람이었던 것이다. 그래서 그렇게 인정을 받으려고 이른 아침에 출근을 하고 성실한 삶을 살았던 것이다.

 어쩌면 이렇게 사람을 편안하게 하는 말을 할 수 있는지 질문을 한 사람을 자세히 살펴보았다. 그 사람은 분식 장사로 하루 11시간을 서서 일하고, 퇴근하는 길에 무인 카페에서 튀김으로 얼룩진 옷도 갈아입지 못하고 자신만의 글을 써서 작가가 된 사람이었다. 먹고 살아야 해서 고된 시간 속을 견디면서도 후배들을 위해 즐겁게 코칭하는 사람이었다. 내가 나의 엄마와 오빠의 어떤 결핍들에 무심했다는 마음, 어리다는 이유로 어른들에게 너그럽지 못했다는 마음이 비로소 밀려들었다. 마침내 내 마음 밭에 심겨진 나무가 마침내 달콤한 열매를 맺은 것 같다.

 부모가 나누어 준 생활력 강한 성향 덕분에 현실에 굴복하지 않고 전진하는 사람으로 살 수 있었다는 생각이 든다. 내 인생을 관통하는 엄마를 향한 애정 결핍은 무엇으로도 감출 수 없다. 어렸던 나를 들여다보면서 인생의 변곡점을 쓰다 보니 휘몰아쳤던 그 시절의 감정이 되살아날 때는 괴로웠다. 그러나 동물이 갖는 순한 가치를 잊고 동물이 도달할 수 없는 인격적 가치만을 품고 살고 싶다. 나는 어린 나의 손을 잡고 책의 길로 들어가서 어른이 되어 나온 것이 틀림없다.

 그동안 폭풍 같은 시간을 살면서 부드럽고 다정한 어른의 책, 인생을 알려주는 길잡이 책, 상상력이 가득한 책들을 읽으며 바람처럼 살아왔다. 가장 훌륭한 책이라면 어느 기록도 글도 남기지 못한 사람들의 인생 이야기일 것이다. 사람은 모두 저마다의 책이라는 생각이 든다. 시간 속에서 먼저 살다가 떠난 사람들도 삶의 이야기가 가득한 책이 분명하다. 그 책들이 말하는 공통점은 나의 아버지가 죽음을 통해 사라지면서 현재만이 미래를 바꿀 수 있는 단 한 번의 기회라는 것을 말해주는 것 같은 이야기다.

 그 기회를 여는 열쇠는 사랑하고 용서하는 마음뿐이다. 나만이 갖고 있는 결핍과 상실은 나의 정체성을 이루었다. 폭풍이 부는 마음을 겪으며 따뜻한 사랑을 갈구했기에 더욱 조심하면서 사랑을 지키려고 노력한 것이다. 따뜻한 사랑만이 결핍을 채운다는 인생의 열매를 마음 밭의 나무에서 얻었다. 자신에 대한 긍정적인 마음과 만난 결핍은 길고도 지루하며 이익이 될 것 같지 않은 남은 인생의 시간을 살아내는 동력이 될 것이다. 부모는 부모의 결핍을 겪었을 뿐이라는 넓은 마음이 들자, 나의 글에 빛이 들어오는 것 같았다.

　나는 인생의 변곡점을 여러 번 지나왔다. 이제 쓰는 사람이 된 나의 글은 내가 존재하는 시공간에서 쉼 없이 이어질 것이다. 사랑하는 사람들을 위한 글이며, 시간의 뜸을 들여 짓는 치유의 글이다. 계절이 지나가는 어느 미래의 날에 읽을 그대를 위한 것이다.

그러자, 마음이 들리기 시작했다.

생각쟁2

| 프롤로그

| 1장 감추고 숨길 뿐

| 2장 나답게 사는 법을 몰라서

| 3장 괜찮은 줄로만 알았다

| 4장 그 시절 나는 그랬다

| 5장 내 마음이 울고 있었다

| 6장 내 마음에게 안부를 묻다

| 7장 그러자, 마음이 들리기 시작했다

| 에필로그

| 프롤로그

누구나 마음속에는 누구에게도 보여주고 싶지 않은, 건드려선 안 되는 '폴더'가 존재한다. 나는 그런 폴더의 용량이 비교적 큰 사람이었다. 마음의 중심을 나 아닌 타인에게 맞추고, 내 안에 수많은 생각과 감정들이 서로 들어달라고 아우성치는 소리를 애써 모른 척했다.

그 생각과 감정들은 내 머릿속에서 정리되지 않은 채 둥둥 떠다녔고 그중에 하나를 골라낸다는 것도, 밖으로 꺼내 표현한다는 것도 내게는 쉽지 않았다. 그래서 더더욱 내 마음을 묻어두었다. 타인의 마음에 주파수를 맞추려고 하다 보니, 내면에서 들려오는 수많은 목소리는 잡음처럼 방해만 될 뿐이었다. 그 목소리들이 겹겹이 쌓여 '비밀 폴더'가 되었다.

세상에 나를 드러내는 것이 익숙지 않았고 내 마음을 표현하기를 주저했다. 내 욕망과 욕구, 감정은 드러내 보았자 문제만 생길 뿐이라며 모조리 무시했다. 무시하면 없어져 버릴 줄 알았던 마음들이 내 안에 차곡차곡 쌓여서 곪아 터질 줄은 꿈에도 몰랐다.

1장

감추고 숨길 뿐

어릴 적부터 나는 마음을 숨기는 데 익숙했다. 줄줄이 딸린 두 살 터울의 아이 셋, 남편, 일찍 홀로 되신 시어머니 그리고 아직 결혼하지 않은 시동생 둘까지 건사하느라 하루하루를 정신없이 보냈던 우리 엄마. 어린 내 눈에도 엄마는 늘 지쳐 보였다. 막냇동생을 업고 넓은 한옥 마루에 걸터앉아 멍하니 한숨짓던 엄마의 모습이 기억에 선명하다.

그 많은 방 연탄불을 꺼뜨리지 않으려 서둘러 움직이던 엄마는, 늘 엄마만 졸졸 따라다니던 강아지 복실이에게 먹이를 주며 말했다.

"복실아, 니는 내 마음 알겠나?"

붉어진 눈시울로 혼잣말하던 엄마 모습이 사진 한 장처럼 내 기억에 선명하게 남아있다.

그래서인지 난 엄마 곁에 다가갈 수 없었다. 동생들은 "엄마, 엄마." 하며 잘만 따라다녔는데 나는 늘 먼발치에서 부러운 듯 쳐다만 봤다.

나라도 엄마를 힘들게 하지 말아야겠다고 생각했다. 바쁘고 힘든 엄마에게 짐이 되고 싶지 않았다.

해가 지면 늘 동생들은 엄마 아빠 방으로 나는 할머니 방으로 뿔뿔이 흩어졌다. 그 시절 엄마, 아빠 방 문턱을 넘는 것이 왜 그리도 망설여졌는지 모르겠다.

'엄마, 아빠, 동생들이랑 다 같이 자고 싶다고 해도 될까?'
'그러면 부모님이 싫어하시겠지? 그러면 할머니가 외롭겠지?'
'동생들이랑 방을 바꿔가면서 자면 안 되나? 그럼 공평하잖아.'

나도 부모님과 같이 자고 싶어서 머리를 요리조리 굴려보다가 이내 그만두었다. 진심을 말했다가 혹시나 모두가 마음이 불편해지면 어쩌나 싶었다. 그러다 '나를 싫어하게 되면 어쩌지.' 싶었다. 나 하나만 참으면, 나 하나만 감추면 모두가 편할 것만 같았다. 맘속에 있는 말들은 꺼내 보지도 못하고 동생들과 엄마, 아빠가 함께 자고 있는 방문을 그저 부러운 듯 쳐다만 봤다. 숨겨야 하는 마음은 늘어만 갔다.

유치원 때도, 초등학교 때도 엄마가 필요한 자리에는 늘 할머니가 와 주셨다. 동생들은 모두 엄마가 함께 해주셨는데 나는 엄마 대신 늘 할머니였다. 다른 친구들은 모두 엄마 손을 잡고 춤추고 게임을 하는데 나만 할머니와 했다. 물론, 할머니가 싫었던 건 아니다. 그렇지만 속상하고 서운한 감정이 내 어린 마음을 무너뜨렸다.

'엄마는 왜 날 보러 와 주지 않는 거지?'
'왜 내 손을 잡고 같이 춤추러 와 주지 않는 거지?'

내가 학급 임원이 되어도, 학급 어머니들끼리 모임을 가져도 엄마는 가지 않으셨다. 동생들 학부모 모임에는 빠지지 않고 늘 가셨는데 말이다.

'엄마는 바쁘니까. 힘드니까. 나까지 신경 쓰기 힘드실 거야.'
'나만 말하지 않으면 모두가 편할 거야.'
서운한 마음들은 쌓이고 쌓여 '당연함'이 되었다.

하루는 열이 펄펄 끓어오르는데 아픈 내색도 하지 않고 혼자 끙끙 앓고 있었다. 아픈 건 숨길 수가 없었는지, 엄마는 방에 들어와 내 옆에 가만히 누우셨다. 오한이 심해 몸이 덜덜 떨리는데도 엄마가 옆에 누워있다는 사실에 벌써 다 나은 것만 같았다.

아마 그날이 처음이었을 거다. 갓난아기에서 벗어난 이후, 엄마가 내 옆에서 같이 자준 것이. 방바닥에서 올라오는 온기보다 엄마에게서 새어 나오는 온기가 더 따뜻해서 엄마 옆에 딱 붙어 오래오래 누워있고 싶었다. 그날 밤 내내 엄마가 아직도 내 옆에 있는지 확인하고 또 확인했다.

2장

나답게 사는 법을 몰라서

고2 겨울방학 무렵부터 나는 기숙사 생활을 하게 되었다. 일명 'S대 반'. 전교권 등수를 가진 소수의 학생에게 주어지는 특권이었다. 학교에서 직접 성적을 관리해 준다는 말에 부모님은 망설임 없이 나를 기숙사로 보내셨다. 안타깝게도, 내향형에 착한 아이 증후군까지 있던 나에게 기숙사는 잘 맞지 않았다.

같은 반 친구 A와 온종일 붙어 다니게 되면서 더더욱 그랬다. A는 일탈을 즐겼고 나는 그 애에게 맞춰주느라 바빴다. A의 눈치를 보느라 생리통을 핑계로 보충 수업을 빠지고, A의 성화에 못 이겨 자율학습 시간에 몰래 학교를 빠져나갔다.

심지어 A는 우리 학교 선생님 한 분과 비밀스럽게 연애를 했는데, 몇 번이나 나에게 연애편지를 전해달라고 부탁했다. 난감해도 나는 그저 해달라는 대로 해 주었다. 뭔가가 잘못되었다는 느낌이 스멀스멀 올라왔지만 어떻게 해야 할지 몰랐다. 기숙사 사감 선생님까지 A와 가까이하지 말라고 충고해 주셨지만 그럴 수가 없었다. '나다움'의 감각

마저 잊어버린 나는 A를 거절할 각오도, 끊어낼 용기도 없었다.

결국, 이불을 바꿔주려 기숙사에 오셨던 부모님이 나와 A의 일탈 사실을 알게 되셨다. 열심히 공부하는 아이들 틈에서 우리 둘만 기숙사에 없었기 때문이다. 아빠는 불같이 화를 내셨다. "당장 집에 가자."는 아빠의 말씀에 냉큼 짐을 싸서 부모님을 따라나서고 싶었다. A에게 속수무책으로 끌려다니기만 하는 내가 싫어서 빨리 기숙사를 벗어나고 싶었다. 크게 혼나도 좋으니 부모님이 나를 데리고 가주시길 간절히 바랐다.

"보소, 여보. 다른 애들 다 공부하는데 저래 나와서 다닌 거 보면…. 집에 있으면 공부를 더 안 할 거 같은데. 기숙사에라도 붙들어 놓게, 그냥 놔두지예."

엄마는 아빠를 말리셨다.

'엄마. 나는 여기 있어서 오히려 공부가 더 안 돼요. 이것저것 다 신경 쓰느라 공부에 집중할 수가 없는걸요. 집으로 가고 싶어요.'

목구멍까지 차 올라오는 말을 내뱉고 싶었지만 그러지 못했다.

'혹시 엄마는 내가 기숙사에 계속 있길 바라시는 거면 어쩌지?'

솔직히 말했다가 "오지 말고 그냥 여기 있어라."라는 말을 들으면 더 상처가 될 것 같았다. 제대로 물어보지도 못한 부모님의 속내를 내 맘대로 짐작하고 혼자 마음 아파했다.

그 시절의 나는 뭐가 그리 두렵고 뭐가 그리 겁이 났을까. 결국, 엄마 아빠는 나를 두고 집으로 가셨다. 부모님이 놓고 가신 커다란 이불 가방에서 아빠가 스카치테이프로 붙여놓으신 메모 하나를 발견했다.

"사랑하는 우리 딸. 힘내."

손 글씨를 타고 아빠의 목소리가 들려오는 것만 같았다. 부모님께 죄송해서, 가족들이 있는 집으로 너무 가고 싶어서 남몰래 눈물을 훔쳤다.

3장

괜찮은 줄로만 알았다

다른 과목은 다 괜찮았는데 수리 영역에서 평소 실력이 나오지 않아 수능을 망쳤다. 담임 선생님은 엄마에게 실수한 것이 아까우니 ○○대에 걸어놓고 재수를 시켜보는 게 어떻겠냐고 권하셨다. 그러나 부모님은 재수를 허락해 주지 않으셨다.

성실하지 못했던 기숙사 생활도 내심 찔렸고, 솔직한 마음을 표현하는 게 어색하고 두렵기만 했던 나라서, 그저 부모님 말씀을 따랐다. 무엇이 되겠다는 정확한 목표도 없이 그저 좋은 대학교에 가야겠다는 마음만 있었던 나였다. 점수가 제대로 나오지 않은 이상 어디로 지원한 들 상관이 없을 것 같았다.

기숙사 친구들도 뒤늦게 노는 재미에 빠지는 바람에 수능에서 좋은 점수를 받지 못했다. 나와 다른 점이 있다면 그 친구들은 재수해서 다음 해에 원하던 대학에 입학했다는 것이다. 친구들의 소식을 전해 들으니 재수하고 싶은 마음이 더 간절해졌다. 하지만 다시 한번 도전해 보고 싶다는 말을 부모님께 차마 꺼내지 못했다.

'왜 나는 대학생이 돼서도 그만두고 싶다는 말을 못 하는 거지?'
지금 와 생각해 보면, 내가 말하지 않아도, 표현하지 않아도 부모님이 눈치채 주시길 바랐던 것 같다.

'이 길이 아닌 것 같은데…. 내 적성에 맞지 않는 것 같은데….'
'적성이란 게 어딨어. 그냥 환경에 맞춰서 사는 거지. 다 그렇게 사는 거지.'

학교 다니는 내내 저 깊은 곳에 꼭꼭 숨어 있다 불쑥불쑥 튀어나오는 나의 본심과 틈만 나면 싸웠다. 이런 마음으로 대학 생활에 적응을 잘할 리도 없었다. 나만 이방인이 된 것 같은 기분이었다.

"딴 데 어디 갈라고? 다른 대학 갔으면 더 좋았을 것 같나? 졸업하고 나서 함 봐 봐라. 여자 직업으로 그만하면 괜찮지."

엄마의 말씀에 아무런 대꾸도 하지 못했다. 듣고 보니 맞는 말 같았다.
부모님이 내 마음을 몰라주시는 것만 같아 답답한 마음, 역량만큼 제대로 발휘해 보지 못해 아쉬웠던 마음, 내 의지대로 재도전해 보지 못해 속상한 마음, 그리고 어쩌면 엄마 말이 맞을지도 모른다는 두려운 마음까지... 복잡한 마음들이 얽히고 설켜 나도 내 마음을 정확히 읽어내지 못했다. 그렇게 대학 졸업 후 바로 직장 생활을 시작했고 주어진 환경에서 하루하루 그저 수동적으로 살았다. 그러다 보니 또 괜찮은 것도 같았다.

4장

그 시절 나는 그랬다

　성인이 되어서도 나는 비밀 폴더의 용량을 늘리고 또 늘리고 있었다. 결혼하고 남편의 직장 근처로 가는 바람에 친정과 멀리 떨어져 살게 되었다. 남편 말고는 주변에 아는 사람이 아무도 없었다.

　임신한 지 25주 남짓 지났을까? 예정일은 아직 한참이나 남았는데 심한 진통이 느껴졌다. 조기진통이었다. 뭐가 그리 급한지 배 속 아이가 당장 세상으로 나오려고 해서, 병원에 입원하게 되었다. 무섭고 겁이 났다. 조산을 막기 위해서 매일 '라보파'라는 약을 맞았다. 약 부작용으로 매일 심장이 쿵쾅쿵쾅 거세게 뛰었다. 호흡이 가빠지니 자꾸 숨이 차고, 온몸이 떨렸다.
　아파서 힘이 없을 때마다 엄마가 해 주신 가지 챗국만 먹으면 없던 힘도 솟곤 했는데... 엄마가 해 주시는 가지 챗국만 먹으면 괜찮아 질 것만 같았다. 엄마 얼굴만 자꾸 떠올라, 며칠을 참다 참다 겨우 엄마에게 전화를 걸었다.

　"우짜면 좋노. 할머니가 화장실에서 넘어지셔 가 대퇴부 골절이란

다."

"멀리 있으니 앉은뱅이 용쓰듯 마음만 쓰이네."

수화기 너머로 들리는 엄마의 안타까운 말을 끝으로 전화를 끊었다. 나는 애꿎은 휴대전화만 쳐다봤다. "엄마. 나 지금 너무 무서워. 엄마가 해주는 가지 챗국이 너무 먹고 싶어." 창밖을 쳐다보며 차마 엄마에게 건네지 못한 말을 중얼거렸다.

한참이 지난 뒤에 엄마는 말을 꺼냈다. 그 때 엄마도 창밖을 하염없이 쳐다보며 나를 떠올렸다고 말해줬다. '우리 딸도 병실에서 멍하니 밖만 바라보고 있었겠지….' 하며 우울했다고, 마음은 딸 곁에 있었는데 올 수 없어서 마음이 아팠다고 했다.

표현한다고 해서 나빠질 것도 없는데 그 시절 나는 왜 그렇게 감추지 못해 안달이었을까 싶다. 나는 무엇 때문에 그리도 표현하기가 겁이 났던 걸까? 지금은 솔직함이 관계를 더 단단하게 지켜줄 수 있다는 걸 안다. 지금에서야 내 마음속 솔직함을 꺼내놓아도 괜찮다는 것을 알게 됐다. 하지만 그 시절 나는 그랬다.

5장
내 마음이 울고 있었다

 사람은 누구나 양면성을 가지고 있다. 한없이 친절하고 선하게 보이다가도, 한없이 차갑고 잔인할 때가 있다. 이해관계가 얽히지 않으면 그렇게도 사람 좋아 보였던 이들이 조금만 피해를 보아도 바로 돌아선다. 본인에게 피해가 가지 않더라도 주변 사람이 욕하면 자연스럽게 동조하기 시작한다. 사실은 알려고도 하지 않고 주변 사람의 말을 그저 쉽게 믿어버린다.
 사람은 누구나 타인과 연결되고 싶은 본능이 있다. 타인과 연결되고 싶은 마음에 좋은 행동을 함께하기도 하지만, 가치판단은 접어 둔 채 나쁜 행동에 동참하기도 한다. '연결'의 이중성이다. 그리고 누군가는 그런 욕들을 잠자코 듣고 있다가 전해주기도 한다.

 "○○님은 정말 좋은 사람인데 사람들이 욕하고…. 좋은 사람이라는 걸 다들 몰라주는 것 같아서 너무 안타까워요. 근데 있잖아요…."

 제일 친했던 동료 B가 날 위해서라며 해주던 말들. 이야기의 시작과 끝은 늘 이런 식이었다. 한두 번도 아니고 매번, 내가 딱하고 안타깝다면서 들으면 비수가 되는 이야기들을 아픈 나에게 전해주었다. 처음에는 정말 나를 위해 그런 줄로만 알았다. 늘 따뜻한 말을 해 주던 그녀였기에 좋은 사람이라 믿고 싶었다.

그런데 하루는 친구가 그랬다.

"좋은 사람인데 왜 그런 말을 전해주는 거래? 그럼, 그 동료들한테 욕하지 말라고, 너는 그런 사람 아니라고. 사실을 말해줬어야지. 말할 땐 가만히 듣고만 있다가, 굳이 왜 전해주는 거야? 가뜩이나 아픈 너한테? 내가 보기엔 뒷말 전해주는 그 사람이 훨씬 더 나빠."

듣고 보니 친구의 말이 맞았다. 그러나 나는 이후로도 B의 이야기를 가만히 듣고 있을 수밖에 없었다. 정말 날 위해주는 좋은 사람이라고 애써 믿고 싶었다. 하지 말아 달라고 하면 나를 싫어하게 될까 봐, 나를 떠나 버릴까 봐 두려웠다. 직장에 의지할 사람이 단 한 명도 남지 않을까 겁났다. B뿐만 아니라 누구에게나 그랬다. 모두에게 좋은 사람이고 싶었다. 갈등은 피하고만 싶었다. 미움받고 싶지 않았다. 원망은 나쁜 마음이니 감추고 숨겨야 한다고 생각했다. 견뎌내야 한다고 생각했다.

그러다 보니 내가 원한 적도 없었던 상황에 자꾸만 휘말리게 됐다. 이런 상황들이 반복되니 아예 '관계' 자체를 맺고 싶지 않아졌다. 아무도 믿고 싶지 않았다. 피하면 될 줄 알았더니, 피해지는 게 아니었다. 참으면 되는 줄 알았더니, 참아지는 것도 아니었다. 피하니 더 오해를 받았고, 참으니 더 억울한 상황이 생겼다.

'그냥 다 그만둬야 하나?'

몸이 계속 아픈 것도, 욕을 전해 듣는 것도 점점 더 힘에 겨웠다. 이렇게 사는 게 너무 버거웠다. 애쓸수록 자꾸 더 나쁜 일들만 일어나는 것 같아서 몸과 마음은 엉망이 되어갔다. 아주 깊은 구덩이에 빠진 채 아무리 올라가려고 발버둥 쳐도 자꾸만 아래로 떨어지고 있는 기분이었다. 기를 쓰고 손을 뻗을 때마다 누군가가 자꾸만 내 손을 힘껏 짓밟아 버리는 기분이었다.

표현하지 않는다고, 참는다고, 마음이 사라지는 건 아니었다. 참아낸 감정은 소멸하는 것이 아니라 쌓이고 쌓여서 곪고 터지는 거였다. 샤워할 때도 자기 전에도 틈만 나면 떠올랐다. 꼭꼭 잠가놓은 문 뒤로 그동안 상처받았던 내 마음들과 돌보지 못한 내 감정들이 가득 쌓여 제발 열어달라고 두드리고 있었다. 모든 것이 쏟아지기 직전이라는 걸 나는 미처 몰랐다.

6장

내 마음에게 안부를 묻다

쉬는 동안 상담을 받기 시작했다. 상담사분은 감정을 스스로 안아주는 연습이 필요하다고 말했다. 감정에는 옳고 그름이 없으니 그저 안아주란다. 그동안 그럼직하고 마땅히 그래야만 할 것 같은 것들에 맞추고 살아온 자신을 놓아주란다. 이제 솔직해도 되고 착하지 않아도 되고 내 마음대로 살아도 된다고 말해 주셨다. 사람들은 다 그렇게 산다고 감정이 올라오면 아무 제재 없이 가만히 지켜보라 했다.

올라오는 감정을 가만히 안아주고 지켜보라니…. 화도, 욕심도, 질투도, 미워하는 마음도, 의심하는 마음도, 욕하고 싶은 마음도 모두 나쁜 거라 배워왔던 나였기에 쉽지 않았다. 자꾸 습관처럼 감정을 억제하려고 했다. 그런데 내 마음을 가만히 들여다보니 감정이라는 것은 옳고 그름, 좋고 나쁨이라는 가치판단이 들어있는 것이 아니었다. 그저 내 마음속에 떠오르는 감정 그 자체만 존재할 뿐이었다.

나는 그동안 '가져야 마땅할 감정'과 '갖지 않는 게 차라리 나은 감정'을 구분하여 내 마음을 억누르고 있었다. 미운 마음이 드는 것도, 의심하는 마음이 올라오는 것도, 화가 나는 것도, 싫어하는 마음이 드는 것도, 그저 내 마음속에서 자연스럽게 올라오는 감정들이었는데 그것들을 무시하고 억누르니 탈이 났던 거였다. 내가 느끼는 감정 자체는 잘못이 없는 거라 그저 있는 그대로 인정해 주어야 했었다.

"이제껏 억누르고 있어서 아마 억울한 감정이 많으셨을 거예요."

상담사님은 내 마음을 달래주라고 했다. 내 감정의 주도권이 나에게 없었기에 의지와는 상관없이 일어난 일들로 인해 상처받았던, 그리고 여전히 아파하고 있는 나를 달래주라고. '조금 더 솔직해져 볼 걸.' 하고 후회해도 좋으니, 감정을 털어내고, 털어내고, 또 털어내라고 했다. 내 마음이 주가 되어 살아도 된다고 그랬다. 사람은 누구나 좋은 면, 나쁜 면을 다 가지고 있는데 좋은 면만 보려고 애써 노력하지 않아도 된다고 했다. 어차피 인간은 이기적인 존재이니 기대를 버리라고, '그러려니' 하고 살면 된다고 다들 그렇게 살아간다고 했다.

눈물이 흐르고 또 흘렀다. 시간이 지날수록 내 마음속 폴더의 비밀번호는 점점 더 길고 복잡해지기만 했기에 상담사님에게 다 털어놓는 것 역시 쉽지 않았다. 그래도 조금씩 털어냈고, 또 그렇게 조금씩 표현하기 시작했다. 감정이 새어나갈 공간을 마련해 주었더니, 무겁기만 했던 내 비밀 폴더도 조금씩 가벼워지기 시작했다.

상담사님께 미처 털어놓지 못한 이야기들은 글로 써 보기 시작했다. 생각나는 건 뭐든 글로 썼다. 표현하는데 조금씩 익숙해지기 위해서, 내 안을 깊이 들여다보고 알아주기 위해서 글을 썼다. 마음을 글로 털어놓기 시작하니 내가 나를 소중하게 안아주기 시작했다. 내가 나를 돌보고 싶어졌다. 나라는 사람이 정말 좋아하고 바라는 것이 무엇인지, 진정으로 하고 싶은 일이 무엇인지 알아가고 싶어졌다. 유리멘탈의 극 내향인에 겁도 많은 나라서 나를 드러내기가 아직도 무섭고 망설여진다. 하지만 솔직하게 살아도, 내 마음대로 살아도 괜찮다는 말을 들으니 알을 조금씩 깨며 세상 밖으로 나가고 싶어졌다.

간절히 한 곳에 몰두하고 있다 보면 마치 모든 것들이 하나로 연결되어 나를 찾아오는 것만 같은 기분을 느껴본 적이 있는지? 상담을 받고 블로그에 글을 쓰며 나를 찾아가는 여행이 막 시작되고 있을 무렵, 운명처럼 최진석 교수님의 『인간이 그리는 무늬』라는 책을 만났다. 책은 나에게 끊임없이 '내 욕망에 따라 살고 있는지' 묻고 있었다.

> 하고 싶은 일을 할 때, 바라는 일을 할 때, 좋아하는 일을 할 때
> 그 사람은 잘할 수 있습니다.
> 바람직함. 해야 함. 그리고 좋음에는 내가 없고 우리가 있을 뿐이고
> 좋아하는 일. 바라는 일. 하고 싶은 일 속에서야
> 우리가 아닌 내가 있기 때문입니다.
> 자기 삶의 동력은 자기 자신만의 고유한 욕망에서 힘을 받기 때문입니다.
> — 『인간이 그리는 무늬』, 최진석

나는 그랬다. 내가 무엇을 원하고 바라는지는 알려고 하지 않은 채, 삶을 그저 수동적으로 살아왔다. 내 목소리에 귀 기울였다면 내 생각과 마음을 솔직하게 표현할 수 있었을 것이다. 타인의 기준이 아닌 내 욕망에 충실하며 삶을 살았다면 내 마음에 이렇게까지 찌꺼기가 남아 있지 않았을 것이다. 정해진 길 안에서 수동적으로 사는 것이 아니라, 중간에 진로도 바꾸어 보고 직장에서도 내 목소리를 냈을 것이다.

"바람직하고 해야 하며 좋은 일을 하는 것이 아니라, 내가 바라고 하고 싶으며 좋아하는 일을 하면서 살아왔습니까?"

이제는 내면의 목소리에 귀를 기울인 삶을 살아가겠다고 결심한 바로 그때, 운명같이 만난 이 글귀가 내 마음을 울렸다. 내 새로운 시작에 힘을 실어주는 것만 같았다. 이제는 오로지 나를 나이게 하는 것들을 돌보며 능동적으로 살아가도 된다고 응원해 주는 것만 같았다. 움츠려 있기만 했던 내 마음을 안아주는 것만 같아서 몇 번이고 읽고 또 읽었다. 나를 위해 살지 않았고 내 마음을 읽어주지 않았던 지난날들이 스쳐 가며 눈물이 났다.

7장
그러자, 마음이 들리기 시작했다

블로그에 글을 쓰기 시작했다. 내가 좋아하는 글쓰기로 내 마음을 담아 보기 시작했다. 나를 찾고 싶었고 내 마음을 안아주고 싶었다. 말을 한 번 하자 치면 머릿속에서 로딩이 너무 오래 걸려 꺼내놓기가 힘든 극 내향인이지만, 글이라면 가능할 것 같았다. 내 마음의 빗장을 열고 말들을 끄집어내 주고 싶었다. 곪다 못해 터져버린 인내의 상처에 약을 발라주고 싶었다. 글에는 그런 힘이 있다.

처음엔 역시나, 쉽지 않았다. 마음속에서 저항감이 스멀스멀 올라왔다. 그래도 썼다. 언제 어디서든 쓰고 싶으면 썼고, 마음속에서 조금이라도 올라오는 말이 있으면 뭐든지 썼다.
콩알만한 용기를 내어 세상 밖으로 한 발을 내딛자, 내 목소리가 잘 들리기 시작했다. 그러다 내 글을 읽어주는 이웃님들이 생겼고, 마음을 담아 응원해 주는 이웃님들의 댓글을 보며 조금씩 더 용기를 냈다.

글로 토해내다 보면 어느 순간 마음이 정화되는 것을 느꼈다. 토해내다 보면 어느 순간 마음이 평온해지기 시작했다. 내 안에 살고있는 여러 자아가 서로 아우성치는 바람에 시끄럽기만 했던 마음이 잠잠해졌다. 어떤 날은 아주 고요해지기도 했다. 그래서 나는 매일 썼다. 쓰고 또 썼다.

'오해를 받기 싫었다면, 욕을 먹기 싫었다면 표현할 줄 알았어야지.'
'결국 표현하지 못한 내 잘못이야.'
'아픈 내 잘못이야….'

글을 쓰기 전까지는 '왜 나한테만 이런 일이 벌어졌을까, 왜 나만 이렇게 힘들까.'하는 생각으로 괴로울 때가 많았다. 그러다 결국에는 나를 자책하고 원망했었다.

그런데 블로그에 글을 쓰고 이웃님들과 소통하며 마음을 나누다 보니, 자책하기보다 나를 안아줄 수 있게 되었다. 그 힘든 시절 잘 견뎌냈다며 나를 토닥여 줄 수도 있게 되었다. 버티며 견뎌냈던 시간을 따뜻하게 품고 나서 이제는 지혜롭게 떠나보낼 수 있게 된 것이다.

그렇게 다 정리하고 보니, 정말 나만 그럴까 싶었다. 특별히 나만 그럴 리도, 특별히 나만 힘들 리도 없다. 이 세상에 사연 없는 사람은 존재하지 않는다. 불행도 고통도 나에게만 특별히 일어난 건 아니었다. 그저 시기와 모습만 다를 뿐 그 누구든 각자가 마주한 고통과 불행을 짊어지고 살아간다. 힘든 일은 누구에게나 공평하게 찾아오지만 각자 어떻게 대처하느냐에 따라 영원히 지속될 수도 끊어낼 수도 있다. 고통이 나를 붙잡고 있었던 것이 아니라 내가 고통을 붙잡고 있었음을 이제는 안다.

블로그에서 나와 닮은 이웃들을 많이 만나게 되었다. 그들과 연결됨을 느낄 때 그 진실한 마음들이 너무나 큰 위로와 응원이 된다. 사람으로 받은 상처를, 사람으로 극복하고 있는 내가 보였다. 껍질을 벗고 날아오르려고 하는 내가 보였다. 그리고 비로소 용서하며 놓아줄 수 있게 되었다. 떠올리면 마냥 아프기만 했던 말들이고 이해가 되지 않는 사람들이었지만, '저마다의 슬픔이 있었겠지. 그 시절 삶이 힘들어서, 마음의 여유가 없어서 다른 이를 품어줄 여유가 없었겠지.' 이해하게 됐다.

그때 내가 그랬었다면, 그때 내가 조금만 더 내 마음을 표현할 수 있었다면 하는 가정은 이제 아무 의미가 없다. 그저 그 시절 이겨낸 나를 토닥이고 싶어지는 걸 보면 이제는 나도 많이 좋아졌나보다. 글을 통해 나를 만났고, 좋은 사람들을 만났다. 내 안에 숨어만 있어서 꺼내놓지 못했던, 좋은 생각과 좋은 에너지로 가득 차 있던 본래의 나로 다시 돌아올 수 있게 되었다.

에필로그

"엄마. 나는 엄마가 예전보다 많이 바빠져서 서운하긴 한데요. 엄마가 예전보다 많이 웃는 것 같아요."

글을 쓰고 있는 나를 향해 아이가 무심코 건넨 말에 나도 모르게 웃음이 났다.

비밀 폴더의 용량을 차곡차곡 늘려만 가던 내가 글을 쓰기 시작하면서 내 욕구, 내 감정에 집중하며 내 마음속을 조금씩 비워내고 있었으니, 웃음이 많아진 건 당연한 결과였다. 나에게 집중하게 되면서 나는 나를 더 사랑하게 되었고, 내 주변의 사람들을 더욱 사랑하게 되었다.

그래서 나는 오늘도 이렇게 내가 좋아하는 글을 쓰고 있다. 나를 포함해 그 누구도 미워하지 않으며 좋은 생각으로 차곡차곡 쌓아가고 있다. 저마다의 사연으로 하루하루 버티며 나아가는 사람들에게 나의 글로 위로와 응원을 보내주고 싶은 마음을 담아 글을 쓰고 있다. 그 어느 때보다 진정으로 나를 사랑하며 좋은 사람이 되고자 노력하고 있는 바로 지금, 이 순간이 나에게는 최고의 순간이다. 글로 수많은 점을 뿌려가며 나만의 별을 만들고 있는 바로 지금, 이 순간이.

나눔

아파도 끝까지 박치기
내가 단단해질 때까지

에두코

| 프롤로그
| 1장 피하는 방법을 몰라 박치기만 했던 공룡
| 2장 피하지도 못하고, 부딪히지도 못하고
| 3장 사춘기 끝난 박치기 공룡
| 4장 박치기 공룡의 제대로 된 박치기

프롤로그

안녕하세요 에두코입니다.

저의 글은 실패와 부딪힘 속에서 성장해 온 제 삶의 여정을 담고 있습니다.

살다 보면 누구나 부딪혀야 할 때가 있습니다. 그런 순간마다 저는 결국 박치기를 선택했습니다. 그냥 무작정 부딪혔습니다.

겁이 없었다기보다는, 다른 방법을 몰랐기 때문입니다. 그렇게 부딪히고 깨지면서 배운 것이 있다면, 아프더라도 부딪혀야만 얻을 수 있는 것들이 있다는 점을 이 글에 담고 싶었습니다.

부딪히면서 당연히 다치고 상처받은 적도 많았습니다. 그런데 그렇게 부딪히다 보니 제 머리는 점점 단단해지고, 제 마음은 점점 강해졌습니다. 실패와 시도 속에서 저는 조금씩 제가 가야 할 방향을 찾아갔습니다.

그리고 깨달았습니다.

제가 부딪혀야할 곳은 어디였는지 정확히 알 수 있게 되었습니다.

이 글은 제가 그렇게 부딪히며 살아온 이야기를 담고 있습니다. 때론 웃기고, 때론 아프고, 또 때론 진지한 순간들로 이루어져 있습니다. 그 모든 과정이 지금의 저를 만들었고, 저만의 길을 찾게 해주었습니다.

혹시 여러분도 지금 부딪혀야 하는 순간에 있다면, 이 이야기가 조금이나마 힘이 되기를 바랍니다.

제 글은 마치 친구와 대화하듯 쓰인 친근한 문체로 구성되어 있습니다.

편안한 마음으로 가볍게 읽어주시기를 바랍니다. 자, 이제 저와 함께 박치기를 시작해보겠습니다!

1장

피하는 방법을 몰라 박치기만 했던 공룡

"도마뱀인 줄 알았던 내가 공룡이었다고?"

 난 조금 작게 태어났대. 태어나면서부터 내가 작다는 걸 스스로 알아채기라도 한 걸까? 박치기 공룡이 부화하면서 유일하게 내세울 거라곤 단단한 머리밖에 없는 것처럼, 어릴 적 나에게 있던 건 깡밖에 없었지. 실은 무서워도 도망치는 방법을 몰랐던 거지만 지금은 그게 장점이 됐어.

 나한테 없었던 것들로는 예의, 상식, 상도덕, 싸가지, 개념 등등 뭐 셀 수 없이 많아.

 나 어릴 적, 명절 때마다 우리 할머니는 우리 어머니께만 일을 시키셨대. 아버지조차도 어른들 앞에서 아무 말도 못 했어. 그때 어머니가 내가 놀고 있던 방에 들어오셔서 내 손을 잡고 너무 힘들다고 우시는 거야. 남자는 내 여자를 지켜야 할 때 강해지지. 아까 내가 뭐가 없다 그랬지?

맞아, 싸가지. 나는 곧바로 행동에 옮겨. 어머니의 손을 잡고 마루로 나가 할머니께 소리쳤어.

"왜 우리 엄마만 일 시켜!! 다 같이 하라 그래!!"

그러면서 방에 있던 사촌 동생을 끌고 나와서 말했어.

"야! 네 엄마보고도 일 좀 하라 그래. 빨리! 아님, 네가 하던가! 빨리! 다! 일! 하! 라! 고!!!"

순간 정적이 된 명절의 우리 가족들은 모두가 돌처럼 굳었지. 모두가 뜨끔해서 어쩔 줄 몰라 했어. 소리를 지르고 나서도 분통을 참지 못한 나는 울고불고 난리를 쳤지. 그제야 다른 가족들은 움직이기 시작했어. 사실 나는 좋게 말하는 방법을 몰라 고래고래 소리친 거였어. 아무튼 그 이후로 어머니는 가사에서 해방됐어.

그게 바로 어렸을 적의 나, 박치기 공룡이야. 피하는 법을 몰랐던 탓에 행동했었던 공룡. 말로만 했으면 박치기 공룡이 아니겠지? 내 성격을 알 수 있는 또 하나의 일화를 말해줄게. 한 번 상상해 볼래?

지금은 바야흐로 내가 5살인 세상이야. 부모님이랑 같이 마트엘 갔어, 그 혼잡한 주말, 대형마트 안에서 부모님을 잃어버리면 어떨 것 같아? 보통의 5살 남짓 아이들이라면 울고불고 부모님을 찾아 헤매겠지? 난 좀 달랐지, 나 박치기 공룡이야!

울고불고하기는커녕 유유자적하게 산책을 나섰지. 일단 시식코너를 거닐며 배를 채웠어. 배가 부르니 심심해지더라. 장난감코너에서 실컷 구경도 하고, 책코너에 가서는 만화책을 목이 아플 정도로 봤어. 좀 노니까 지겨워지더라고, 졸렸지. 근데 이걸 어쩌나? 부모님도 날 못 찾겠지만 나도 못 찾지!

나는 아버지가 차를 세웠던 곳을 기억해 냈어. 가족들이 나를 찾는 건 내 알 바 아니고. 차까지 걸어가서는 보닛 위에 누워서 편안하게 기다렸지. 대형마트에서는 날 찾는 방송이 계속해서 흘러나오는데, 그게 나인 걸 그 당시 내가 어떻게 알아? 그냥 누워있었지. 내가 할 수 있는 건 없었으니까.

뒤늦게 나를 찾은 아버지에게 결국 등짝 스매싱을 죽지 않을 만큼 맞았어. 이런 성격 탓에 나에겐 늘 시련이 함께 했지.

요즘 사회적 문제로 자리 잡은 학교 폭력. 나도 당해봤었어. 나의 이런 성격을 마음에 들어 하지 않았던 친구가 초등학교 때 있었거든. 키나 덩치나 나보다 훨씬 컸지. 그때는 내가 왜소한 편이었어, 그 친구 입장에 요만한 애가 매일 시끄럽게 떠드는 데다가, 자기 친구들이랑 더 잘 지내니까 미운털이 박혔나 봐. 지금 생각해 보면 말도 안 되는 걸로 시비를 걸고 때리기 시작해. 그걸 보는 선생님도 딱히 말리지도 않았지. 그 나이 땐 싸우면서 친해지는 거라나 뭐라나….

난 혼자 매일 맞으면서도 매일 피하지 않고 덤볐어. 매일 맞으면서도 다음 날 똑같이 가서 대들고 치고받고 싸웠다. 겁? 나도 겁나지, 무섭지. 맞는 거 좋아하는 사람이 어디 있어.
학교 가기 싫다고 울어도 보고 안 다니겠다고 소리도 질러봤어. 그럴 때마다 우리 할아버지랑 아버지는 이렇게 말씀하셨어.

"어딜 남자 새끼가 그런 거 가지고 빌빌대고 있어? 맞기만 하니까 쫄지, 가서 죽을 때까지 덤벼, 절대 지지 마!"

응원일까? 방관일까? 아직도 몰라 근데 이게 도움이 되더라. '배수의 진'이란 게 이런 건가? 학교 도착하기 전까지 무서워서 울다가도 학교 앞에서 멈춰. 피할 수 없었으니까. 스스로 마인드컨트롤을 해야만 했거든. '오늘도 덤벼야지' 하면서 들어갔어. 역시나 신나게 얻어터졌지. 그래도 계속 똑같이 덤볐어. 그 결과는?

결국 그 친구가 전학 갔어. 나 때문에 갔는지는 모르겠지만 아무튼 내가 남았잖아. 내가 이긴 거지. 그때 내 생각은 아마 이랬을 거야.

'어? 죽기 살기로 덤비니까 죽지도 않고 원하는 대로 되네!'

그날의 에피소드를 기점으로 시도해 보려고 안달 난 박치기 공룡의 머리는 점점 단단해지기 시작했어.

2장

피하지도 못하고, 부딪히지도 못하고

"아 모르겠다 일단 부딪쳐야 하나?"

머리가 단단해진 박치기 공룡은 자기가 잘못됐어도 무작정 밀어붙이는 성격을 가져버렸어. 그 유명한 사춘기, 알지? 그거. 나에게도 그게 왔어. 중학교, 고등학교 시절 부모님 속을 정말 많이 썩였어. 내가 무언가 하고 싶으면 무작정 해댔고 하고 싶지 않으면 손도 안 댔거든. 아직 학생인데 축구화 사고 싶다고 막노동을 뛰었어. 기어코 원하는 축구화를 사고 나서야 집에 들어갔으니, 부모님은 화가 나지. 부모님에게 정중히 부탁했어도 될 문제를 자존심만 세서 말을 안 했거든. 툭하면 공부는 내팽개치고 일을 하러 다녔어. 어느 부모가 제 자식이 학교도 안 가고, 공부도 안 하면서 아르바이트만 하러 다니는 걸 좋아하겠어? 진짜 많이 혼났지만 난 꿋꿋했어. 난 내가 맞는 일이라 생각하면 무조건 했으니까.

그때까지의 나는 독립적이었고 진취적이었어. 그런데 이런 말 들어봤어? "실패는 공룡도 쓰러트린다." 실패를 연달아 겪던 박치기 공룡은 점점 힘을 잃어갔어. 딱히 뚜렷한 목표도 없이 멍하니 세월을 허비하고 있었지. 또 아프고, 또 실패하겠지 하면서.

생각 없이 고등학교 졸업하고, 생각 없이 대학교 들어갔지. 놀기에만 바빴고 미래는 안중에도 없었어. 그렇게 시간이란 시간은 모두 모아서 쓰레기통에 넣고 있었어. 그것도 아주아주 열심히 말이야!

바로 그때 위기가 찾아와. 대한민국 남자라면 피해갈 수 없는 군대….

아무것도 준비되지 않은 상태에서 갑자기 의무 경찰로 입대하게 돼. 갈 땐 좀 무서웠어.
솔직히 갔다 와본 사람 중에 무서워하지 않은 사람 없을 거야. 근데 막상 있어 보니 재밌는 거야. 누가 그랬었나? "위기는 곧 기회"라고? 군말 없이 할 거 해 버리는 나는 군대 체질이었을까? 선임, 후임 할 것 없이 나를 인정해 주고 심지어 리더로 따르는 거야. 그때부터 자기 계발 캠프에 온 느낌이었어. 내가 할 수 있는 자기 계발은 군대에서 다 키웠다고 해도 과언이 아니니까.

군대 안에서 정말 많은 경험을 하게 돼. 나를 위해 온전한 시간을 쏟아부었던 때가 군대에 있을 때야. 자격증을 따면 특별 외박을 보내줬어. 나는 그 점을 500% 활용했어. 자격증을 무려 8개나 땄지, 뭐야. 게다가 운동도 정말 열심히 했어. 이제 선, 후임을 떠나 경찰관들도 날 인정했어. 모두에게 인정받는다는 건 참 행복한 일이야. 표창장도 받게 되고 자존감은 하늘을 찔렀지.

하지만 정상에 서면 이제 내려갈 일밖에 없어. 너무 정상에만 심취해 있었던 것 같아. 그곳으로부터의 격리는 생각지도 못했지. 전역이 다가오고 '뭐든 할 수 있다' 자부했던 나는 꿈을 정하지 못한 채로 전역을 하게 돼. 동기들은 제각각 꿈이 있어 그 길로 나아가는데, 나는 계획해 둔 게 없었어. 고깃집, 공항 카운터 등등 닥치는 대로 일했어. 생각 없이 살다 보니 어느 날 번아웃이 오게 돼.

'내가 진짜 원하는 게 뭘까?'
'어떻게 하면 그걸 찾을 수 있을까?'
'난 정말 뭘 하고 싶은 걸까?'

한참을 고민하다가 그때 당시 일하던 고깃집 점장님이었던 형에게 털어놓게 됐는데, 그 형의 말이 너무나 크게 와닿았어. 지금까지도 나에게 큰 용기를 주는 말이야.

"나도 가진 것 없이, 아무것도 없이 여기 내려와서 일하고 있는 거야. 혼자 있다 보면 스스로 뭘 해야 하는지 알게 돼. 나는 그랬어. 헷갈리면 너밖에 없는 곳으로 가봐, 그럼 알 수 있겠지."

어려서부터 도전이라면 마다하지 않던 나였는데, 살다 보니 도전에 대해 두려워하고 있더라. 가만히 생각을 이어가다가 어느 순간 생각을 굳혔지.

'그래, 후회하기 전에 해보자.'

오랜만에 잠자고 있던 내 본성이 다시 꿈틀거렸어. 다시 박치기 공룡이 살아나, 형의 말을 들은 나는 떠나고 싶어졌어. 발길 닿는 대로 어디든 좋으니 무작정 가고 싶었고, 하고 있던 일을 그만두고, 무작정 목포행 배에 올라타. 가지고 있던 돈을 다 털어서 목포에서의 생활을 시작해.

처음엔 엄청 힘들었어. 아는 사람도 없고, 살갑지 않은 분위기였지. 게다가 가장 기본적인 의식주조차 제대로 해결하기 힘들었어. 뭘 해야 할지도 모르겠고 이게 맞나 싶더라. 진짜 칠흑 같은 어둠 속에서 가시밭길 걷는 느낌?

결국 어렵게 아르바이트를 구하고, 그곳에서 새로운 사람들이랑 친해졌어. 새로운 사람들과 얘기할 때마다 모두가 나를 의아해했어.

'왜 굳이 여기까지 와서…, 이걸 하고 있을까…?'

나 같아도 그렇게 생각할 것 같아. 앞으로 뭘 할 거냐는 질문도 많이 받았어. 나이도 어린 편은 아니었기에 그런 말을 듣는 건 솔직히 스트레스였어.

'알았으면 그걸 하러 갔겠죠!'라고 입 밖으로 내뱉을 뻔한 적도 많았지만, 꾹 참고 말했지.

"아직 정하지 못했어요. 찾는 중이에요."

왠지 모르게 숙연해진 분위기에 모두가 내 꿈을 찾아주기 시작했고, 자연스럽게 군대는 어디 나왔냐는 말에 의경을 나왔다고 대답을 했지. 그 말을 들은 주변 사람들이 경찰이 정말 잘 어울린다고 말해주는 거야. 신기했던 건 고향에 있을 때도 굉장히 많이 들었던 말이었거든. 친할아버지와 외할아버지 두 분 다 경찰 출신이시기도 했고, 그래서 그랬던 건지 경찰에 대해 더 끌렸어. 자꾸 귀에 들리면 왠지 모르게 현혹되는 그런 느낌 뭔지 알지?

그렇게 나는 가짜 꿈이 생겼어.

내가 경찰이 되어야겠다고 생각하던 그때, 당시로 말하자면 전국에 공무원 열풍이 불면서
내 나이 또래 애들은 대부분이 공무원 준비를 시도해 봤을 거야. 지금 생각해 보면 그 물살에 나까지 휩쓸렸던 것 같아.

처음엔 목포에서 공부를 시작했는데, 도저히 나라는 사람의 나태함을 봐줄 수가 없는 거야. 의지가 없었던 건지, 체력이 없었던 건지. 꿈이 생겼다면서 하루가 멀다고 매일 놀러 다니게 되더라. 그래서 결단을 내렸지.

'그래, 나도 남들처럼 노량진으로 가자'

그런데 '남들처럼?' 이게 문제였어 '나'라는 사람의 선택이 아니었지. 공무원도 그렇고, 노량진도 그렇고, 완전히 나라는 사람을 잃어버린 삶이었어. 왜 나만 안되냐는 듯 부정적인 생각에 사로잡혔지. 지금 봐도 내가 미운 시기였어.

하지만 그 모든 게, 마치 나의 결정인 듯 한걸음에 서울로 향했지.

더없이 멍청한 결정인 줄도 모르고 말이야. 그래도 재밌었어. 진짜 재미만 있었어. 노량진이 왜 놀기 좋은 곳인지 금방 깨우칠 수 있었지.

뭔가 이상하지? 맞아, 정신 차려보니 난 놀고 있더라. 결과론적이지만 후회는 없어! 그로 인해 지금은 더 많은 것들을 얻을 수 있었으니까. 이건 다행이라고 말하는 게 낫겠다. 지금 생각해 보면 경찰은 내가 진짜 하고 싶은 것이 아니었나 봐. 단지, 멋있어 보여서, 남들이 다 하길래, 내가 아닌 '따라쟁이'의 생각이었던 거지.

시험에 떨어진 사람들이 하는 뻔한 핑계 알지? 그게 나였어. 자기 삶을 잃어버린 채 따라만 다니던 사람. 부끄럽지만 이것도 난데 뭐 어떡해. 그때까지는 시도만 잔뜩 하고 진득하지 못했어. 노력은 하지 않으면서 실패하지 않기만을 바라는 철부지.

그래, 스물다섯, 그때까지, 박치기 공룡은 사춘기였나 봐.

3장

사춘기 끝난 박치기 공룡

"아! 아무거나 들이박는다고 다 되는 게 아니구나"

남들과 똑같이 공부하고, 놀고, 서울 생활을 즐기던 사춘기 공룡은 슬슬 불안해하기 시작하지.

'아…. 이 길이 맞을까?'
'이번에도 떨어지면 어떡하지?'

질문의 끝은 항상 같았어.

'한 번만 더 해볼래. 거의 다 왔잖아'

최악의 결정이었지. 아니라고 생각이 들 땐 확실히 끊어내야 한다는 걸 이제야 알았어.
타임머신이 개발된다면 그때로 돌아가 말해줄 거야.

"제발 멈춰…!"

나는 러닝머신 위를 뛰듯 늘 제자리를 달렸어. 언젠가는 앞으로 나아가겠지 하는 착각으로 겨우 버티고 있었던 중이었어. 그러다 정말 운이 좋게도 내 삶을 송두리째 바꿔줄 경험을 하게 돼.

내 인생의 터닝포인트!

때는 바야흐로 추석 명절. 이번 명절은 안 내려와도 좋으니 곧 있을 시험에 사활을 걸라는 부모님의 당부가 나를 자극했지.

'그래 뭐라도 하자.'
'일단 새 마음 새 뜻으로 다시 출발해 보자.'

다짐을 힘차게 하고 사우나를 향했어. 마치 삼고초려 끝에 목욕재계하며 제갈량을 모시러 가는 유비의 모습처럼 큰 결의를 다졌지. 그날따라 느낌이 이상한 거야. 싸한 느낌과 함께 평소에 겪지 못했던 기운이 나를 휘감는 느낌? 폭풍전야가 딱 그런 느낌이었을까? 말로 하니 과장된 표현 같긴 한데, 아무튼 '무슨 일이 일어날 것 같다'하는 느낌이 들었어.

'진짜 해보자 이번이 마지막 기회야, 지금부터 새로워지자.' 라커룸에서부터 무슨 대회 결승전에 나가는 선수처럼 중얼거렸어. 링에 오르는 심정으로 사우나 문을 열고 들어갔지. 자리에 앉아 주변을 살폈어. 그런데 맞은편에 있던 할아버지가 어딘가 부자연스러운 거야. 한 손으로 벽을 짚었는데 뭔가 많이 불편한 느낌?

역시 내 느낌이 맞았어. 벽을 짚고 있던 할아버지의 손이 스르륵 내려앉는가 싶더니 "툭"하고 떨어졌어. 급하게 다가가며 말을 걸었어.

"저기…. 어르신?"

돌아온 건 거친 숨소리뿐 아무런 대답도 하지 않았어. 무언가 단단히 잘못됐음을 직감하고, 바로 어르신을 업고 뛰쳐나갔지. 어르신을 편안한 자세로 눕힌 후에 상태를 보면서 사우나직원에게 119에 전화해 달라고 부탁했어. 얼마 안 지나 도착한 구급 대원에게 모든 상황을 설명했어. 그제야 마음이 놓였지.

'휴! 다행이다.'하고 한숨 돌리려는 순간, 박수 소리가 들려왔어. 기분이 정말 묘했어.
처음 경험해보는 이 느낌 뭐지? 아무튼 매우 뿌듯했어. 그것도 잠시 부끄러움이 밀려왔고 나는 얼른 씻고 나와서 집으로 걸어갔어.

신나게 걸어가고 있는데 이번엔 폐지 줍는 어르신을 보게 돼. 바로 전의 경험이 나를 이끌었을까? 어르신에게 눈길이 계속 가는 거야. 리어카에 넘치도록 박스를 쟁인 어르신, 신호등이 바뀌기를 기다리고 서 있었어. 아슬아슬, 조마조마 내 마음이 더 불안해.

'어! 저러다 분명 떨어질 것 같은데. 차도에 떨어지면 위험할 텐데.'

왜 안 좋은 예감은 꼭 현실이 될까? 맞아, 교차로를 건너는 내 등 뒤로 박스들이 무너지는 소리가 들렸고, 보행 신호는 야속하게도 너무 짧았어.

'도와드려야 하나?'

이미 내 몸은 어르신 옆에서 박스를 줍고 있었어. 한 손으로는 리어카를, 한 손으로는 어르신을 부축해서 기다려 준 운전자들에게 감사 인사를 하며 길을 건넜지. 반대편에 무사히 도착하고 난 어르신은 눈물을 글썽이며 고맙다고 나를 어루만져 주셨고, 난 어르신이 어디 다친 데는 없는지 확인한 후에 조심히 가시라고 꼭 안아드렸어.

그때, 또다시 박수 소리가 들려왔어. 그 광경을 지켜보던 운전자들과 신호를 기다리던 선량한 시민들이 내게 박수를 보내고 있었어. 엄지를 치켜세우며 웃어주는 사람들에게 멋쩍은 미소로 화답하고 나니 정말 묘하더라.

집으로 돌아와 방 침대에 누웠어. 그날의 경험이 계속 떠올랐어. 내가 진짜 바라던 무언가를 이루어 낸 기분인 거야. 퍼즐이 맞춰지는 느낌. 내가 어르신들을 대하는 태도, 내 이름의 뜻 등등 내가 바라던 가치관을 알게 됐어.

모두 하나를 가리키듯 맞아떨어져 갔어. 내 이름 찬혁, 도울 찬, 빛날 혁. 남들에게 도움을 베풀면서 빛나는 사람. 드디어 새로운 나의 정점을 발견했어. 도와주는 걸 정말 좋아하는 사람이라는 거.

자! 이제 내 장점은 두 가지가 됐잖아.

1. 뭐든 시도한다.
2. 어려운 사람을 잘 돕는다.

가야 할 길을 찾게 됐어.

나는 내 인생이 동굴처럼 깊고 어둡고 출구가 없는 곳인 줄 알았는데, 터널이었더라. 밝은 출구가 기다리는 터널을 지나고 있었더라. 터널이었던걸 깨달은 나는 목표를 포착했어. 어려운 사람들을 도와줄 수 있는 곳, 더 많은 사람을 더 자주, 더 쉽게 도와줄 수 있는 곳, 사회복지 관련 일이었지.

인생에서 여러 번 선택의 기로가 있었지만, 이번만큼은 든든한 지원군이 있는 느낌이었어.
내가 드디어 사춘기를 벗어나 진짜 내가 원하는 걸 찾은 느낌, 그 느낌에 난 나아가게 돼. 진짜 내가 원하는 길로.

4장
박치기 공룡의 제대로 된 박치기

"이번엔 제대로 들이박아 볼게!"

어떻게 됐냐고? 나 박치기 공룡이야. 지금 이미 사회복지기관에서 근무하고 있어. 너무 섣부른 결정 아니냐고? 아니야! 난 진지했어. 맞아. 어려운 사람을 돕는다는 건 나에게 도전이야. 하지만 그 도전만큼 날 뿌듯하게 만든 건 없었어. 멈출 수 없었어. 그게 나의 장점이고, 그게 내가 잘 할 수 있는 일이야. 이 일을 찾은 내가 얼마나 다행인지 몰라.

어느 날 사무실에서 근무하고 있을 때, 한 장애우 보호자가 나에게 네 잎 클로버 하나를 건네는 거야. 오늘 길에 꺾었다면서 말이야. 그 때, 난 큰 깨달음을 얻었어.

'길을 가다 우연히 줍게 된 행운을 다른 사람에게 건넨다고 해서 행운이 사라지는 건 아니구나! 나누면 행운은 두 배가 되는구나!'

이 작은 일을 통해 나는 베푸는 일의 뿌듯함을 더 확실하게 알 수 있게 됐어. 베풀고 나누는 일의 중요성, 필요성, 활용성, 이 세 가지를 더 많이 퍼뜨리고 싶어졌지. 한 마디로 꿈이 더 커지게 된 거야. 그렇게 보니 나는 돈에 대한 집착으로 직업을 선택했다기보다, 내 마음이 향하는 일에 도전했다는 걸 느꼈어. 이걸 알고 나서 더 큰 꿈이 생길 때마다, 내가 되뇌는 말이 있어.

'하고 싶은 일을 하자. 마음이 시키는 모든 것을 다하자. 대신 베푸는 것에 대한 기쁨을 절대 잊지 말자.'

그래서 성장 중인 나의 꿈은 기부단체를 운영하는 거야. 왜 그런 꿈이 생겼을까? 이 일을 하다 보니 다른 복지 선진국들에는 있지만, 한국에는 없는 서비스나 용품들이 많더라고, 그런 사업을 펼치면 좋겠다고 생각했지. 아직 한국에는 없는 사회복지사업 분야를 개척해보고 싶었어. 자세히 말하자면, 더 많은 사람이 더 좋은 복지를 받을 수 있게 기반을 조성하는 것, 그래 맞아. 자선 사업가, 그게 내 꿈이야.

터무니없는 꿈이라고 욕할지도 몰라. 하지만 천천히 그리고 반드시 이뤄낼 거야. 더 밝은 사회를 만들고, 그에 관한 더 많은 글을 쓰고 싶어. 내가 알게 된 나눔의 가치가 무엇인지 더 많은 사람에게 알리고 싶어.

까불기 좋아하고 나서기 좋아하던 꼬맹이 공룡이었던 나, 수많은 실패 속에서 나만의 색깔을 잃기도 하고 힘든 사춘기를 보내기도 했지. 하지만 내가 좋아하고 잘 할 수 있는 일을 찾았고 이제 큰 꿈이 생겼어. 나 박치기 공룡은 끝까지 포기하지 않았기에 결국 더 높은 꿈을 향해 나아갈 수 있게 됐어.

　이 글을 읽는 모두가 자신의 꿈을 찾길 바랄게. 그리고 나눔과 베풂의 따뜻함을 깊이 알게 되면 좋겠어. 이 세상이 온통 사랑으로 넘치면 좋겠어. 그게 나의 마지막 바람이야.

　마지막으로 내 마음속 푸른 네 잎 클로버를 너에게 줄게. 어때? 받아 줄 거지?

　싫다고? 그럼 제대로 된 박치기 공룡의 박치기 맛, 기대하시라! 개봉박두!!

몽당연필의 꿈

스펀지

1장 막둥이의 몽당연필

2장 길 잃은 철새가 되어

3장 멘토를 만나다

4장 가족, 그 소중함에 대하여

5장 헛똑똑이의 새로운 도전

에필로그

1장

막둥이의 몽당연필

"느그 아부지가 우리 막둥이 배고플깨비 딱 생일에 마차서 저세상 가셨능개비다."

내가 네 번째 생일을 맞이하기 3일 전 나의 아버지는 돌아가셨다. 아버지의 출상 날이 나의 생일과 겹치자 어머니가 뱉은 말이라고 한다. 실제로 아버지 기일이면 형제들이 모두 모였기에 식구들은 내 생일도 함께 축하해 주었다. 생일마저 챙길 여유가 없던 시절, 내 생일상만은 풍성했다. 아버지의 제사상이 나의 생일상이었으므로.

나는 전라북도 정읍시에서 6남매의 막내로 태어났다. 멀리 지평선이 보이는 호남평야의 가난한 시골이 나의 고향이다. 아버지가 돌아가신 후, 세 형들은 가족의 생계를 위해 학업을 포기할 수밖에 없었다. 저마다 맞는 일자리를 찾아 공장으로 떠났다. 남겨진 3남매와 어머니는 고향 마을에서 가장 초라한 초가집에 살았다. 초등학교 입학 전까지 나는 고무신을 신었다.

초등학교 입학 전날, 어머니와 함께 첫 운동화를 사러 읍내로 갔다. 하루에 한 번뿐인 버스를 타고 나가 운동화를 사서 돌아오는 길, 가게에 진열된 라면 봉지에 내 눈이 꽂혔다. 생라면이 먹고 싶었다. 라면 한 개 값은 버스 요금과 같았고, 어머니의 수중에는 달랑 버스비만 있었다. 라면을 먹고 싶어 하는 날 눈치챈 어머니가 물었다.

"막둥아, 니 라멘 묵고 잡제? 라멘을 묵으믄 집까지 걸어가야 되디, 괜찮겄냐?"

나는 당연히 라면이었다. 노을로 물들어 가는 길, 늙은 어머니 등에 업혀 생라면을 오도독오도독 씹었다.

다음 날, 나는 새로 산 운동화를 신고 가슴에는 하얀 손수건을 달고 입학식에 갔다. 입학식이 시작되기 전, 혼자서 두리번거리는 나를 향해 선생님이 물었다.

"아야, 니 혼자 입학식에 와부렀냐 잉?"

다른 아이들은 모두 부모님이나 조부모님의 손을 잡고 있었다.

"아닌디요. 우리 성이랑 같이 왔는디요. 우리 성은 4학년인디 볼쎄 교실로 갔어라!"

나는 주눅 들지 않고 우렁차게 대답했다. 입학 전에도 누나와 형을 따라 자주 학교에 들락거렸던 나는 혼자여도 어색하지 않았다.

"아따! 고놈 똘방지고마 잉! 부모님은 워디 기신다?"

선생님이 내 머리를 쓰다듬으며 말했다.

"아부지는 없어라. 엄마는 일헌다고 바쁘고라."

가난의 시작은 아버지의 병환이었다. 십 년 세월의 당뇨와 암 투병은 모아둔 전답을 모두 쓸어갔다. 건강보험이 없던 시절, 암 치료 주사 한 대와 소 한 마리 값이 맞먹었다. 허망하게 아버지가 돌아가신 후 어머니는 농사일을 도와주고 받은 쥐꼬리만 한 품삯으로 가계를 꾸렸다. 결국 농사일하다 몸을 다쳐 더는 일을 못 하게 된 어느 가을, 우리는 큰형이 있는 경기도 군포로 이사했다.

방 두 개짜리 비좁은 연립 주택에서 아홉 식구가 살았다. 중학교를 졸업한 누나는 낮에는 섬유 공장에서 일하고 밤에는 학교에 다녔다. 공부를 잘했던 바로 위 형은 인문계 대신 공업고등학교에 갔다. 졸업과 동시에 돈을 벌기 위해서였다. 형은 졸업 후 A 전자에 입사했다. 대학에 진학해 공부하고 싶었던 자신의 꿈을 포기하고 나와 가족을 위해 내린 어쩔 수 없는 결정이었다.

"막내만은 대학에 보내자!"

형은 다른 형제들을 설득했다. 나는 형들과 누나의 희생에 보답하기 위해 열심히 공부했다. 같은 학교에 다니던 형에 이어 좋은 성적을 거두는 나를 기특해하던 1학년 담임 선생님이 말했다.

"너희 형제들은 정말 총명해. 나중에 크게 될 거야. 네 눈빛을 보면 알아."

가정 형편을 빤히 알고 계셨던 선생님은 출판사에서 제공하는 교사용 문제집을 다른 선생님들에게 받아서 내게 주곤 하셨다. 담임 선생님은 처음으로 나에게 꿈과 희망을 심어주었다. 공부 말고는 다른 생각할 겨를이 없었다. 중학교 2학년부터 나는 아침 7시에서 다음 날 새벽 1시까지 학교와 도서관에서만 살았다.

노력은 배신하지 않았다. 원하는 고등학교에 들어가면서부터 나는 외교관의 꿈을 키웠다. 그리고 원하는 대학의 관련 학과에 당당히 합격했다. 가난한 시골에서 고무신을 신고 생라면을 씹어먹던 소년은 드디어 큰 꿈을 꿀 수 있게 되었다. 가족들의 희생이 없었더라면 꿈조차 꿀 수 없는 일이었다.

가난은 때로 나를 나약하게 만들기도 했지만 동시에 나를 키운 토양이기도 했다. 비 온 뒤에 땅이 굳듯이 가난이라는 비는 나의 땅을 더 단단하게 만들어주었다. 단단해진 땅 위에 뿌려진 가족의 희생과 선생님들의 응원은 좋은 씨앗이 되어 나를 자라게 했다.

어린 시절, 운동화 신은 친구들이 부러울 때마다 나는 형과 누나가 물려준 몽당연필로 공부했다. 몽당연필이 점점 짧아질수록 나의 꿈은 커져만 갔다.

2장

길 잃은 철새가 되어

　공부만 하던 고등학교 때와는 달리 대학 생활은 시작부터 만만치 않았다. 부유한 친구들 사이에서 나는 마치 광대가 된 듯했다. 특히, 친하게 지냈던 친구들이 죄다 기업체 대표의 자식이거나 고위 관료, 지방 부호의 자녀들이었다. 친구들은 유머와 위트가 넘치는 나를 좋아했지만 나는 그들을 마냥 좋아할 수 없었다. 그들과 달리 나는 생활비를 벌기 위해 아르바이트를 해야 했고 시간이 부족했다. 형제들의 도움으로 대학에는 갔으나 대학 생활의 낭만에는 참여할 수 없었다.

　첫 여름 방학이 되면서 나는 의도적으로 친구들의 모임에서 빠졌다. 당당하게 그들과 맞서려 하지 않고 회피를 선택한 것이다. 그 결과는 처참했다. 여름 방학 동안 공장에서 번 돈으로 고등학교 시절 독서 토론 모임 친구와 함께 자전거 여행을 떠났다. 서울에서 해남 땅끝마을까지의 여정은 아름답기 그지없었다. 자연이 주는 행복감에 매료된 나는 이내 산악 동아리에 가입해 매주 자연 속에서 살다시피 했다. 나의 강의실은 학교가 아니라 자연과 텐트 그리고 술집이었다.

학업이 뒷전으로 밀리자 두 번의 학사 경고가 연이어 따라왔다. 세 번째는 강제 퇴학을 의미한다. 도망치듯 군대로 향했다.

한참 군 생활을 하고 있을 때, IMF가 찾아왔다. 둘째 형이 운영하던 회사에 부도가 났다. 집안의 기둥 역할을 하던 형의 작은 회사는 쉽게 무너졌고 가족에게는 새로운 고난이 시작됐다. 형제들은 돈 문제로 서로 틀어졌고 가족 간의 거리는 멀어졌다.

휴가를 맞아 집에 들어선 순간, 가구와 전자제품에 붙은 '빨간 딱지'가 제일 먼저 나를 반겼다. 나는 막내라는 핑계로 가족의 고통을 나누기보다 또다시 회피를 선택했다. 휴가를 나와서도 집에 가지 않고 친구들 집을 전전했다. 나는 북극성을 잃은 철새처럼 갈 길을 잃고 헤매었다.

하지만 울고 있을 수만은 없었다. 제대 후 복학 전까지 독서실에서 지내며 총무 아르바이트를 했다. 독서실은 나에게 집이었고 도서관이었으며 회사이기도 했다. 단순한 총무 역할을 넘어 틈틈이 학생들에게 무료 과외를 했다. 소문이 퍼지면서 많은 학생이 몰렸고 아르바이트 외로 짭짤한 소득이 생기기에 이르렀다.

독서실 운영에 도움이 되는 나에게 사장님은 간이침대를 들여주었다. 가르치던 학생의 엄마가 도시락을 보내주기도 했고, 졸업 후 본인이 경영하는 회사에 취업을 제안한 학부모도 있었다. 또 한 번 위기의 순간, 나에게 찾아온 소중한 인연과 그들이 보내준 응원은 나를 다시금 일어서게 했다.

복학 후에도 많은 어려움을 겪으며 비록 외교관이 되겠다던 나의 꿈은 좌절됐지만 나는 큰 깨달음 하나를 얻었다.

'내 인생은 그 누구에게도 의존하지 않고 스스로 개척해야 한다.'

3장

멘토를 만나다

"사람이 해서 안 되는 일이 어디 있어!"

어찌 보면 단순해 보이는 이 말을 나는 지금도 좌우명처럼 신봉한다. 나약하기로 치면 한없이 나약한 게 사람이지만, 하기로 작정하면 또 뭐든 할 수 있는 게 사람이다. 신입사원이던 나에게 도전 정신을 일깨워 준 멘토가 있었다.

외무고시를 포기하고 차선으로 선택한 나의 첫 직장은 평택에 소재한 자동차 회사였다. 당시 새롭게 출시한 SUV 차량이 큰 인기를 얻으며 대규모 채용에 나선 자동차 회사에 나는 운 좋게 합격했다.

하지만, 입사 후 얼마 지나지 않아 회사에 대한 충격적인 사실을 알게 됐다. 당시 경영부실에 처한 회사는 사실상 주인이 없었다. IMF 이후 오랜 기간 재무 상황이 좋지 않아 남아 있는 인재도 많지 않았다. 오랜 기간 비정상적으로 운영되던 회사에는 노조가 강한 힘을 발휘했고 직원들은 모두 개인의 이익만을 추구하며 눈치 보기에만 급급했다.

내가 속한 총무팀도 상황은 다르지 않았다. 부서원들 대부분이 무능과 방관으로 일관하던 시기 우리 팀에 팀장으로부터 지시가 떨어졌다. 마침 업무처리를 해야 할 담당자는 휴가를 간 상태였고 아무것도 몰랐던 나는 무엇을 해야 할지 몰라 선배들에게 물었다. 하지만 그 누구도 명확한 답을 해주는 사람은 없었다. 그길로 나는 팀장을 찾아가 지시한 내용과 지시한 이유를 물었고, 그 일을 통해 기대하는 게 무엇인지 물었다. 팀장이 놀라며 물었다.

"허허, 무식하면 용감하다더니 선배들 제쳐 놓고 나한테 직접 물으러 왔어?"

"네? 아, 물어봤는데 명확하게 알려주는 분이 안 계셔서 직접 여쭈러 왔습니다."

그 일이 있고 나서 팀장은 나를 기특하게 생각해 다양한 이유로 나를 불렀고 여러 가지 일할 기회를 주었다.

문제는 얼마 후 팀 회식에서 일어났다. 팀장과 스스럼없이 지내는 나를 못마땅하게 생각하던 선배들이 나를 불러 폭행을 가했고 나는 영문도 모른 채 바닥에 쓰러졌다. 난생처음 사랑의 매가 아닌 폭력을 당한 순간이었다. 당황해 어쩔 줄 몰라 하던 나에게 선배들이 말했다.

"너 선배가 우습게 보여? 네가 뭔 데 팀장님하고 다이다이야? 신입사원 주제에, 네 눈엔 선배들이 호구로 보여, 엉?"

위기에서 나를 구해준 건 바로, 지금은 나의 인생 멘토가 된 과장이었다.

"이 깡패 새끼들! 너희 뭐 하는 거야! 앞으로 스펀지 한 번만 더 건드리면 내가 너희 가만히 안 둔다."

가까스로 위기를 넘기고 회사 생활에 잘 적응해 가는 나를 과장이 불러 말했다.

"널 보면서 나의 신입사원 시절이 떠올랐어. 그때는 지금보다 더 엄격한 위계질서가 있었고, 하고 싶은 말도 제대로 할 수 없었지. 네가 팀장님께 무모할 정도로 다가가는 모습을 보면서 나는 속으로 널 지지하고 있었어. 내가 하지 못했던 걸 네가 꼭 해내길 바랐거든."

인생 멘토를 만나 나는 한층 성장했다. 과장의 말대로 사람이 해서 안 되는 일은 없었다. 다만 하지 않아서 되지 않을 뿐이다. 일의 방향이 옳고 많은 사람에게 이로운 일이라면 망설일 이유가 없다. "남에게 보여주려고 인생을 낭비하지 마라"는 쇼펜하우어의 말처럼 남의 눈치 보느라 허비하기에 우리의 인생은 너무도 짧다.

4장

가족, 그 소중함에 대하여

중국계 회사에 넘어간 회사를 이직하고 내가 선택한 두 번째 직장은 국내 최고 그룹의 계열사였다. 첫 직장에 비해 업무량과 시간이 늘어나 힘든 면도 많았지만, 더 많은 걸 배우고 더 좋은 성과를 내며 보람을 느꼈다. 노조도, 파벌도 없이 일에만 몰두할 수 있는 환경은 나에게 날개를 달아줬다. 인수합병, 신사옥 이전, 법인 진단, 구조조정과 같은 굵직한 업무를 성공적으로 수행하며 그리스 신화의 이카로스 마냥 날개를 달고 훨훨 날았다.

하지만 이카로스의 추락처럼 밀랍으로 만든 나의 날개는 오래가지 못했다. 어느 순간, 태양에 너무 가까이 다가간 나의 날개가 녹아내리기 시작했다. 6개월 이상 심혈을 기울여 준비하던 인수합병이 무산되자 심한 공허감과 허탈감이 내 삶을 짓눌렀다. 갑자기 찾아온 정신적 공황, 나는 한동안 밥도 제대로 먹을 수 없었다. 알 수 없는 불안과 부정적 감정이 밀려올 때면, 건널목에서 신호를 기다리다가도 달려오는 차에 뛰어들고 싶은 강한 충동을 억제하기 힘들었다.

"눈이 완전히 풀렸네, 풀렸어. 이러다 자네 큰일 나겠어."

넋이 나가 있는 나를 보며 부장이 말했다. 급기야 정신과 상담과 휴가를 제안했고 나는 한 달간의 치료와 휴식 기간을 가졌다. 하지만 복귀 후에도 불안감은 여전했다.

언제 터질지 모르는 시한폭탄 같은 삶을 이어가며 또다시 야근과 회식, 주말 근무로 병들어 가던 어느 월요일 아침, 출근하는 나에게 딸이 말했다.

"아빠, 잘 다녀와. 일요일에 봐!"

나보다 먼저 가정이 무너지고 있었다. 맞벌이에, 혼자 육아까지 떠맡아야 하는 아내도 한계를 호소했고, 한참 부모의 사랑이 필요한 아이들도 힘들기는 마찬가지였다. 가정의 균형이 심각하게 무너지고 있음을 깨달았을 때 회사로부터 귀를 솔깃하게 하는 제안 하나가 들어왔다.

"미국에 주재원 자리 하나가 비었는데 혹시 가볼 생각 있어?"

망설임 끝에 우리는 미국행을 결정했다. 무엇보다 가족의 행복이 우선이었다. 그렇게 미국에서의 생활이 시작되었지만, 생각과는 달리 회사는 많은 걸 요구했다. 미국 전역을 관리해야 하는 업무 특성상 집에서 머무를 수 있는 날이 많지 않았다.

가족관계가 회복되길 바라며 시작한 미국 생활은 오히려 가족관계를 악화시켰다. 한국과 비교해 더욱 가정적인 현지 문화를 접한 아내의 불만은 더욱 커졌다. 근본적인 문제를 해결하지 않고는 그 무엇도 바꿀 수 없음을 절감했다. 가족과 나의 삶을 위해 더는 물러설 수 없었다. 미국에서의 주재원 생활을 마치는 동시에 길었던 회사 생활에도 종지부를 찍었다.

비로소 자유를 얻은 나는 4개월 동안 가족과 함께 미국 본토 48개 주(하와이와 알래스카 제외)를 자동차로 일주했다. 여행하는 동안 우리는 더없이 가까워졌고, 가족의 소중함을 알게 되었다. 아이들과 대화 나누고 아내와 함께 집안일을 하며 느끼는 작은 행복은 그동안 내가 경험하지 못한 기쁨이었다.

이제 딸은 나에게 "일요일에 봐" 대신 "사랑해 아빠, 잘 자요!"라고 인사한다.

5장

헛똑똑이의 새로운 도전

"헛똑똑이 같으니라고!"

사람들에게 내가 자주 듣는 말 중 하나가 '헛똑똑이'다. 내가 내 잇속을 챙기지 못하고 주어진 일만 한다고 붙여진 별명이다. 생전에 어머니가 가끔 나에게 '헛똑똑이'라고 말할 때 나는 그 말의 진정한 의미를 알지 못했다. 그동안 나는 이 말을 들어도 아무렇지 않았고 그런 삶이 행복이라고 생각했다. 스스로 물욕이 적은 사람인 줄 알았고, '안분지족'이라는 말을 신념으로 삼고 살아왔다. 나와 내 가족이 평온하다면 그걸로 족하다고 생각했다.

코로나 후유증으로 갑작스럽게 어머니가 돌아가시자 어머니의 부재는 내 삶에 커다란 공백을 남겼다. 어머니가 내게 말했던 '헛똑똑이'라는 말이 새삼스럽게 나의 삶을 파고들었다. 그동안 나는 내가 가진 모든 것을 바쳐 노력하지 않았다. 나와 가족만을 위한 이기적인 안위에 만족하고 있었다. 내가 세상에 온 이유가 그것만은 아니리라 생각했다. 신이 나에게 준 능력이 그것만은 아니리라 생각했다.

인생의 가치관에 대해 고민하던 어느 날 나에게 다가온 한 마디가 있었다.

"제가 뭐 도와드릴 일이 있을까요? 이 한마디가 일터와 인생, 관계를 바꾼다."

아담 그랜트의 책 「기브 앤 테이크」에 나오는 말이다. 지금의 내가 있기까지 많은 사람이 나에게 질문했다. "스펀지야, 내가 도와줄 일 있어?" 그렇게 나를 도와준 가족들이 있었고 나를 가르쳐준 선생님들이 있었다. 나를 응원해 준 직장 동료와 상사가 있었으며 나를 지켜준 회사가 있었다. 이제는 내가 그들에게 질문할 차례였다. "제가 뭐 도와드릴 일 있을까요?"

나의 이 질문을 들은 직장 후배 한 명이 어느 날 나를 찾아왔다. 어설픈 조언을 아끼자는 예전의 개똥철학을 버린 나는 내가 도울 수 있는 최선을 다해 후배에게 조언했다. 몇 번의 상담 후 후배가 나에게 말했다.

"형은 오마하의 현인 워런 버핏처럼 테헤란로의 현인 같아요. 해답을 탁탁 찾아 줘요."

농담 섞인 말투로 후배는 나에게 책 쓰기와 강연을 제안했다. 그때 처음으로 내가 살아오며 배운 것과 경험한 것이 누군가에게는 실제로 도움이 될 수 있음을 체감했다. 단순히 후배들에게 업무를 가르치고, 일 잘하는 방법을 알려주던 것과는 전혀 다른 색다른 경험이었다.

용기를 얻은 나는 2024년 새해를 맞아 블로그를 시작했다. 그동안의 삶에서 겪은 유익한 경험과 직장 생활의 노하우를 공유한다. 내가 받은 도움을 다시 다른 사람에게 전달하기 위해서다. 글을 쓰고 공유하는 과정에서 나 자신에게 더 많은 변화가 일어나고 있음을 느낀다. 글쓰기를 통해 나 자신이 더욱 성장하고 있다는 확신이 든다. 그리고 그 과정에서 만나는 사람들과의 교류는 나에게 큰 기쁨과 보람을 준다.

그동안의 도전이 나와 가족만을 위한 작은 도전이었다면, 지금부터의 도전은 더 많은 사람, 더 나은 세상을 위한 큰 도전이 될 것이다. 헛똑똑이의 진정한 도전은 지금부터가 시작이다.

| **에필로그**

나눔의 미래

 어릴 적, 나는 형과 누나가 쓰던 몽당연필로 글쓰기를 시작했다. 작고 닳아버린 그 몽당연필은 내 손에 쥔 첫 번째 꿈의 씨앗이었다. 그 시절의 몽당연필은 내게 배움의 즐거움을 알게 해 주었다. 그 작은 도구는 내 꿈의 시작을 함께한 소중한 동반자였다. 시간이 흘러, 몽당연필을 쥐던 소년의 고사리손은 주름 가득한 중년의 손이 되었지만, 열정만큼은 그대로 손아귀에 남아 나를 움직인다. 나를 글 쓰게 한다.

 어니스트 헤밍웨이는 항상 두 자루의 연필과 고무줄이 있는 휴대용 노트를 주머니에 넣고 다녔다고 한다. 그의 손에 쥐어진 연필은 단순한 글쓰기 도구를 넘어 누군가의 삶을 움직이고 누군가의 삶을 밝힌 찬란한 빛이 되었다. 비록 내가 그처럼 훌륭한 작가가 되지는 못할지라도 누군가에게 도움이 되는 글을 쓸 것이다. 나의 도움이 필요한 누군가를 위해 내가 가진 모든 걸 나눌 것이다. 나아가 누군가의 한 자루 몽당연필이 되어 나의 알맹이를 아낌없이 희생할 것이다.

 "우리는 모두 깨져 있고, 그래서 빛이 들어오는 것이다. We are all

broken, that's how the light gets in."

헤밍웨이의 말처럼 나는 깨져 있고 부족한 인간이다. 그런 나를 위해 희생한 가족들과 삶에서 만난 많은 은인에게 감사의 말을 전하고 싶다. 앞서 말한 대로 이제 나의 차례다. 아직은 깨져 있고 부족함이 많지만 나는 세상을 향해 늘 이렇게 물을 것이다.

"제가 뭐 도와드릴 일 있을까요?"

누가 줬는지 모르는 선물, 돌려주는 삶

비티오

1장 산산조각 난 다리, 산산조각 난 일상

2장 작은 도움, 위대한 도움

3장 압도적 행복에 취한 나

4장 고통은 왜?

5장 누가 줬는지 모르는 선물

6장 세상은 풍요롭다

7장 고통을 향한다

1장
산산조각 난 다리, 산산조각 난 일상

응급실 천장만이 간헐적으로 보일 뿐이었다. 무미건조한, 텅 빈 흰색의 천장이었다. 사그락사그락,,, 삐끄덕삐끄덕,,, 바퀴 굴러가는 긴박한 소리와 함께, 들것에 실려 어디론가 가고 있었다.

산산조각 난 다리. 눈을 떴을 때 오른쪽 다리가 눈에 띄었다. 왜냐하면 오른쪽 다리는 공중에 매달려 있었기 때문이다. 정강이 뼈를 관통해 가는 가느다란 철사가 있었다. 한쪽 다리는 공중에 매달려 있었다. 통증과 함께. 그곳은 대학병원 입원실이었다.

영문을 알 수 없었다. 아무 기억도 없었다. 내가 왜 이러고 있지? 의문만이 들었다. 조금 있으니 생전 처음 보는 아저씨가 병실로 들어와서는 말을 걸었다.

죄송합니다. 잘 못 봤어요…….

영문을 알 수 없었기 때문에 어리둥절했다. 아무리 모르는 사람이라 한들, 사람이 와서 죄송하다 그러는데 모르는 척할 수는 없다. 일단 알겠다고 대답은 했다. 나중에야 알게 됐다. 나는 교통사고를 당했다.

다리를 다쳐서 이렇게 병실에 누워있다. 죄송하다고 사과하던 아저씨는 나를 친 교통사고 가해자였다. 2009년 19살, 가을 어느 날 이야기이다.

10대 시절부터 독특한 생각이 있었다. 자립하고 싶었다. 부모님에게서 일찍부터 자립해서, 삶을 내 뜻대로 꾸려나가고 싶다는 욕구가 어려서부터 있었다. 고등학생 시절부터 직접 일해 돈을 벌고 싶었다. 아르바이트로 적게나마 돈을 벌어 자립하고 싶었다. 학교 공부에는 별다른 뜻이 없었다. 스스로 자립하는 능력을 갖추기가 훨씬 중요하다고 생각할 뿐이었다. 그래서 19살, 배달 아르바이트를 시작했다. 학교 공부는 등한시했다. 5시에 학교를 마치면 곧장 출근해 배달에 열중했다. 퇴근은 이르면10시, 늦으면11시 정도였다. 그러던 고등학교3학년 시절 가을 어느 날이었다. 수능이 한 달 남은 늦은 밤, 19살 나는 배달 중 부주의했던 운전자에게 교통사고를 당했다.

난데없이 병실에 다리를 천장에 매달고 누워있게 된 경위는 그러했다. 머리를 세게 부딪혔는지, 사고 당시 기억은 아직도 전혀 없다. 기억나는 거라곤 희미한 의식 속에 잠깐잠깐 나타나던 병원 흰색 천장뿐이다.

우측 대퇴골 분쇄골절, 보통 골절상을 입으면 뼈가 부러졌다고 한다. 그러나 이 경우는 뼈가 똑 부러진 게 아니라 산산조각 난 경우에 해당했다. 단순 깁스로는 치료가 안 된다. 다리뼈에 철심 지지대를 심은 후1년을 지내야 했다. 의사는 한동안 걸을 수 없고 일상생활에 불편을 겪을 거라고 했다. 마음 단단히 먹으라는 경고 섞인 진단이 있었다.

처음 2주일 동안은 걷기는 커녕 침대밖으로 벗어날 수도 없었다. 한참 동안 일상생활을 평소처럼 할 수 없었다. 몇 달간, 화장실에 갈 수도 없고 씻기조차 마음대로 할 수 없는 답답한 상황에 처했다. 19살 가을 어느 날, 생애 가장 힘들었던 시절 이야기이다.

교통사고를 당한 지 1주일이 지나기까지는 별다른 느낌이 없었다. 이게 무슨 상황인가, 멍하고 어리둥절했다. 생애 다시는 겪어본 적 없던 신체적 불편함이었다. 걷지 못하고 씻지 못하고 마음대로 움직일 수도, 가고 싶은 곳에 갈 수도 없었던 시절, 깊은 고통과 어둠 속에서 19살 어린아이는 헤맸다.

하루도 빠짐없이 이어지는 재활 치료는 결코 만만치 않았다. 놀라 말을 듣지 않는 허벅지 근육에 억지로 힘을 줘서 강제로 구부리는 재활 치료를 오래 지속했다. 허벅지 근육을 날카로운 매스로 도려내고, 뼛속에 철심을 넣는 수술을 받았다. 놀란 다리는 말라비틀어진 각목이라도 된 듯했다. 구부러지지가 않았다. 마른 각목처럼 뻣뻣해진 다리를 강제로 꺾어대는 재활치료를 매일 견뎌야 했다. 고통이었다. 일그러진 표정으로 가쁜 숨을 몰아쉬며, 갖은 애를 쓰며, 구부러지지 않는 다리를 억지로 꺾는 내 모습. 가족들을 비롯한 주변 사람들은 그런 나를 처연하게 쳐다보고 있곤 했다. 어쩌다 이렇게 됐을까? 어머니께서는 재활치료에 애먹는 나를 보며, 병실에 우두커니 누워있는 나를 보며 눈물을 글썽이셨다.

아이고, 이를 어쩌냐, 고3 시절이 인생에서 가장 중요할 때인데…

2장

작은 도움, 위대한 도움

처음에는 요지부동 꺾어지지 않던 다리도, 1주일이 지나자 10cm라도 움직이기 시작했다. 달팽이 속도로나마 걸을 수 있게 되면서는 빨리 회복하고 싶어서 최대한 움직이려 했다. 그러나 그런 몸상태로는 병상에서 내려오기부터 어렵다. 자연히 다른 사람의 도움이 필요하다. 병상에서 내려오겠다고 고군분투하다 보면, 지켜보던 주변 사람이 달려와서 부축해 준다. 목발을 짚기 시작하면서부터는 틈날 때마다 짧은 운동이라도 할 겸 복도로 나가 이리저리 움직이려고 했다. 그때도 마찬가지이다. 낑낑거리며 목발을 짚고 걸어가던 중 물건을 떨어뜨리기라도 하면 도저히 주울 수가 없다. 또는 길을 가다 닫혀 있는 무거운 문과 마주치면 스스로 열 수가 없다. 그럴 때마다 지나가는 사람들에게 호의를 부탁해야 할 수밖에 없다.

별것도 아닐 수 있는 일, 예를 들면 침대에서 내려오기, 떨어뜨린 물건을 줍기, 문을 밀어 열기, 이런 일마저 잘 해낼 수 없는 처지에 놓이면 무력감에 빠진다. 겨우 이런 것 하나 제대로 해낼 수 없는 스스로가 한심해진다. 그 마음이 깊어지면 아무것도 할 수 없다는 무력감의 늪에 빠지게 된다.

스스로에 대한 한심함, 엄습하는 무력감은 한 사람을 파괴하기에 충분하다. 특히 한창 사회에 진출해서 지금껏 누리지 못하던 자유로운 세월을 누리기로 되어있던 젊은이에게는 더욱 그러하다. 한심함과 무력감으로부터 말미암은 파괴의 그림자가 호시탐탐 먹잇감을 노리며 코앞에서 배회하곤 했다. 나는 그렇게 파괴될 뻔했다.

그러나 다행이다. 결코 무력의 늪에 빠지지 않았다. 파괴의 그림자는 나를 집어삼키지 못했다. 왜냐하면 혼자가 아니었기 때문이다. 암흑이 주변에 도사릴 때마다, 항상 주변에 누군가 있었다. 그는 항상 호의를 보였다. 친절을 보여줬다.

어둠은 밝음을 이기지 못한다

내가 믿는 세상 진리이다. 그 믿음이 생겼던 시기가 바로 이때였다. 파괴라는 어둠의 그림자가 덮쳐올 때, 항상 밝음이라는 호위무사가 주변에서 나를 지켰다. 그는 나에게 항상 손길을 건넸다. 어둠의 먹잇감으로 파괴되지 않도록 막아줬다. 밝음은 '어둠', '파괴의 그림자', '무력의 늪'으로 빠지지 않도록 손길을 건넸다. 나는 항상 그 손길을 잡고서 구제되었다. 그 호위무사란 주변사람들이었다. 가족과 친구는 물론이고 함께 병실에 있던 환자들이었다. 뿐만 아니라 밖에서 우연히 마주치는 모든 사람들이었다. 나와 아무 상관없는 지나가는 사람들도 모두 손길을 내밀었다. 희망의 손길이었다.

그 호의란 어찌 보면 별것도 아닌 듯 보일 수 있다. 떨어진 물건을 주워주는 일, 무겁게 닫힌 문을 열어주는 일, 병상에서 내려오는 나를 부축해 준 일, 겨우 그 정도였을 뿐이다. 그러나 파괴의 그림자, 짙은 어둠에 떠밀려 무력의 늪 속으로 처박히기 일보직전에는 결코 '겨우 그 정도'에 불과한 일이 아니었다.

존 롤스는 『정의론』에서 최소극대화원리 Maximizing the Minimum를 소개한다. 그는 사회적 약자의 이익을 극대화하는 사회가 정의롭다고 주장한다. 왜냐하면 그런 사회가 모두에게 이롭기 때문이다. 분쇄골절로 걷지도 못하던 시절, 나는 신체적 약자의 입장에 처했었다. 그리고 그 경험에서 최소극대화 원리를 체험했다.

다리를 다쳤을 때, 즉 '약자의 입장'에 처했을 때는 모든 걸 평소와 다르게 느낀다. 별것도 아닌 도움들조차도 큰 위로와 감동으로 느낀다. 떨어진 물건만 주워줘도, 문만 열어줘도, 부축해주기만 해도 큰 위로를 받는다. 이런 위로는 다리가 멀쩡했을 때는, 즉 '약자의 입장이 아닐 때는' 결코 느낄 수 없다. 이때 경험한 최소극대화 원리는 나를 평생 사로잡았다.

큰돈을 모으려면 작은 돈을 아껴야 한다. 그래서 작은 돈이 오히려 큰 가치가 있다. 마찬가지이다. 작은 도움이 큰 가치가 있다. 병실에서 최소극대화 원리를 체험한 때 깨달았다. '작은 것이 오히려 더 크다!' 특이한 진리를 깨달았다. 신체적 약자의 입장을 겪어봤기 때문에 작은 도움의 가치를 알게 되었다. 작을수록 소중하다는 건 세상 진리이다. 떨어진 물건을 주워주는 일, 무거운 문을 잡아주는 일처럼, 작은 도움은 오히려 가치가 크다.

작은 도움이 가치 있다는 진리와 마찬가지로, 특별하지 않은 일상 나날들은 모두 가치가 있다. 특별하지 않기 때문에 오히려 더 가치가 있다. 매일 출근할 때 건강한 다리로 걸어서 갈 수 있는 그 순간순간은 매우 가치 있다. 무더운 여름날 엘리베이터가 고장 나서 온통 땀에 젖더라도, 건강한 다리로 계단을 걸어 올라가는 그 순간순간은 그 자체로 매우 가치 있다. 머리가 가려울 때 건강한 팔을 들어 건강한 손가락으로 가려운 곳을 긁을 수 있는 그 순간은 매우 가치 있다. 그렇다. 그런 순간순간들이 쌓여서 이루어지는 나날들은 모두 위대하다.

3장

압도적 행복에 취한 나

　나를 잘 표현하는 핵심적 단어가 하나 있다면, '행복'이다. 정확하게 표현하면 '압도적 행복'이다. 나는 인생이 참 좋다. 이 세상이 너무나 좋다. 매일매일이 너무나 행복하다. 이 세상에 나보다 행복한 사람이 있을까? 생각하기도 한다. 지금껏 살아온 과거 내 인생은 이토록 압도적 행복과 함께했다. 그 행복은 현재까지 단 한순간도 끊이지 않았으며, 앞으로도 영원히 이어질 거라 확신한다.

　남들은 그런 나를 보며 놀란다. 도대체 어떻게 그럴 수가 있느냐며 놀라워한다. OECD 가입 선진국 중 자살률 1위, 우울증1위, 저출산1위, 노인빈곤율1위, 안 좋은 건 죄다 압도적1위를 차지하는 대한민국! 그 안에서 어찌 그리 행복할 수 있느냐! 놀라며 묻곤 한다. 사실 나 또한 궁금했다. 내가 이토록 강렬한 행복감에 도취되어 살아갈 수 있는 그 뿌리가 뭘지, 스스로도 궁금할 정도였다. 내 행복의 뿌리가 뭘까? 오랜 시간 고민을 거듭했다.

　고민 끝에 도달한 결론은 분명했다. 나는 작은 것의 가치를 알기 때문에 행복하다. 주변 사람들에게 받는 작은 도움에 큰 고마움을 느끼고, 그 가치를 깊이 느낄 수 있다. 그래서 행복하다. 앞서 걸어가는 사람이 문을 잡아주면 고마움을 느끼고, '사람 마음의 가치'를 느낀다. 그래서 행복하다. 아주 작은 일상의 가치도 알기 때문에 행복한 사람이다. 건강한 두 다리로 걸을 수 있는 일상 자체에서 가치를 느낀다. 건강한 팔로 가려운 곳을 긁을 수 있는 일상 자체에 가치를 느낀다. 그래서 행복하다.

4장

고통은 왜?

람은 힘든 시절을 겪는다. 재밌고 즐겁고 행복하다가도, 어김없이 힘든 시절은 온다. 힘든 시절은 우리에게 고통을 안겨주기도 한다. 우울, 상실, 무력, 파괴, 통증, 그런 시험에 들곤 한다. 교통사고를 당해서 '파괴의 그림자', '어둠의 늪', '무력감'의 위협을 받았던 나도 그렇다.

개인을 뛰어넘어서 전체의 시야로 세상을 바라보면 더더욱 그렇다. 세상에는 상상을 초월하는 고통을 짊어지고 살아가는 사람이 많다. 지금 이 순간에도 지구 어딘가에는 두 다리가 아니라 하나의 다리만을 가지고 태어나는 사람이 있다. 또 누군가는 하나의 팔만 가지고 태어나기도 한다. 도저히 손쓸 방법조차 없는 고통을 태어나면서부터 짊어지는 사람들이 수없이 많다. 내가 겪은 다리 부상 정도는 아무것도 아닌 것처럼 보일 정도로.

도대체 왜 이런 고통이 생기는지 궁금했다. 내가 겪은 만큼의 고통, 심지어는 그보다도 훨씬 더한 고통을 겪는 사람들이 세상에는 너무나 많다. 누군가는 심지어 태어나면서부터 손쓸 수조차 없는 신체의 불편함을 타고나는 사람도 있다. 궁금했다. 도대체 그 이유가 뭘까? 이 모든 일들이 아무런 이유 없이 일어나는 우연인가? 아니면 뭔가 이유가 있는가? 사고 후, 15년이 지난 지금까지 곰곰이 생각에 생각을 거듭했다.

이런 결론에 이르렀다. 고통을 마주하게 되는 이유는, 그 고통이 필요하기 때문이다. 매일 먹는 음식, 매일 자는 잠과 전혀 다르지 않다. 인생에 닥치는 고통은 필수적이기 때문에, 즉 그 경험이 우리 삶에 필요하기 때문에 마주하게 된다.

사고 후 15년이 지나도록 고민을 거듭한 끝에, 그 고통이 나를 규정하는 가장 핵심을 만들어냈다는 사실을 인정할 수밖에 없었다. 사고로 겪은 고통스러운 경험은 내 인생에서 가장 필요한 사건이었다.

우리는 피할 수 없는 고통을 대하는 태도에서 삶의 의미를 발견한다.
『죽음의 수용소에서』, 빅터 프랭클, 청아출판사

나를 규정하는 핵심 '압도적 행복', 그 뿌리는 작은 가치를 아는 마음이다. 작은 도움과 작은 일상에서 고마움을 느낄 수 있는 마음은 자연스럽게 행복으로 이어진다. 왜냐하면 우리가 살면서 마주하는 대부분의 것들은 작기 때문이다. 우리는 평생을 작은 것에 둘러싸여 살아간다. 작은 가치를 알아차릴 수 있었던 계기는 교통사고를 당해 겪은 고통이었다.

5장

누가 줬는지 모르는 선물

19살에 겪었던 교통사고 경험, 그 고통은 선물이다. 생애 받은 선물 중 가장 큰 선물이다. 그 고통 덕분에 평생을 압도적 행복에 휩싸여 살 수 있었다. 걷지 못하면서 걸을 수 있는 일상에 고마워할 수 있게 되었다. 주변 만사, 만물에 고마움을 느낀다. 무엇보다도 걸을 수 있는 다리가 있다는 사실에 대해서 가장 큰 고마움을 느낀다. 걸어서 어디든 갈 수 있다. 계단을 오르내릴 수도 있고 출퇴근을 편하게 할 수도 있고 여행을 갈 수도 있다. 세상이 준 선물이다.

조금 있으면 점심을 먹을 때가 된다. 점심을 먹을 수 있는 현실에 고마움을 느낀다. 저녁도 마찬가지이다. 글을 쓰고 있는 지금은 햇살 따스한 봄날 한때이다. 이토록 날씨가 좋은 세상에 살 수 있다는 사실도 고맙다. 모든 일이 고맙다. 가끔 다른 사람들은 어떻게 이런 사실에 고맙지 않을 수 있는지 궁금할 때도 있다. 걸을 수 있는 신체, 점심 저녁을 먹을 수 있는 여유, 햇살 따스한 날씨는 모두 세상이 준 선물이다. 그런 선물이 고맙다.

그런데 이 선물이란 누가 줬는지를 도대체 알 수가 없다. 도대체 누가 나한테 이런 선물을 줬을까? 그 답을 찾을 수 없던 나는 그저 '세상' 즉, 불특정 다수가 준 선물이라 생각하기로 마음먹는다.

선물을 주고받을 때 중요하게 여기는 철칙이 있다.

'먼저 주자' '선물 받았다면 반드시 돌려주자' '받은 것보다 더 많이 돌려주자'

누가 줬는지 모르는 선물이라도, 이 철칙을 지키려 한다면 돌려줘야 한다. 19살 교통사고 경험은 세상, 즉 불특정 다수가 내게 준 선물이다. 따라서 누군지 모를 불특정 다수에게 돌려줘야 마땅하다. 그때부터 세상에 도움이 되는 사람으로 살아가고자 했다. 확고한 인생철학이다. 내 인생 향방은 항상 이런 철학에 따라서 흘러왔고, 앞으로도 흘러간다.

20살, 사회복지사가 되고 싶었다. 27살, 취업할 때가 되어서는 사회복지사로서 줄 수 있는 도움보다 더 큰 도움을 세상에 주고 싶었다. 그래서 공무원이 되었다. 3년10개월 동안 공무원으로서 세상을 도왔다.

대부분의 사람들은 철밥통이라는 이유로 공무원이 되기를 희망한다. 그러나 나는 생각이 달랐다. 세상에 도움을 주기 위해서였다. 19살 때 교통사고 경험, 세상이 준 선물을 되돌려주고 싶어서였다. 그래서 공무원이 되었다. 찾아오는 주민 한 사람 한 사람에게 선물을 되돌려주는 마음으로 일했다. 공무원으로서 만나는 민원인 한 명 한 명, 내게 선물을 준 사람으로 여겨 존중했다. 그 태도가 가치 있는 마음이고, 가치 있는 인생이라 생각했다. 철밥통을 끌어안은 공무원으로 살고 싶지 않았다.

6장

세상은 풍요롭다

사람은 항상 원하며 산다. 얻기 위해서 노력한다. 그러나 마땅한 대가를 얻지 못할 때도 있다. 그러다 보면 아쉽기도 하다. 아쉽고 싶지 않다면, 원하는 것을 얻고 싶다면 어떻게 해야 하는가? 줄 수 있는 것을 먼저 내어주면 된다. 내가 가진 가치를 나누면 된다. 얻고 싶다면, 먼저 주면 된다. 아주 간단한 세상의 원리이다.

이 세상은 우리가 받을 선물이 산더미처럼 쌓여 풍요롭다. 먼저 선물을 주고자 마음먹는 순간, 세상은 훨씬 더 거대한 선물들을 하나둘씩 내놓는다. 깨끗한 집에서 살고 싶다면 출근길에 휴지 조각을 주워서 길을 깨끗하게 만들면 된다. 직장에서 편하고 재밌게 지내고 싶다면 먼저 옆 동료 직원을 편하고 재밌게 해 주면 된다. 돈을 많이 벌고 싶다면 먼저 기부하면 된다. 사랑하는 가족과 건강하게 행복하게 살고 싶다면 오늘, 가족에게 사랑한다는 말 한마디를 먼저 건네면 된다. 세상은 그렇다. 내가 건넨 선물에 감동한 세상은, 훨씬 더 큰 선물을 되돌려줬다.

7장

고통을 향한다

고통은 필요하다. 인생에는 고통이 있어야 한다. 그래야만 그 반대를 알 수 있기 때문이다. 검은색이 없다면 흰색은 없다. 어둠이 없으면 빛도 없다. 절망이 없으면 희망도 없다. 걷지 못하는 고통을 겪으니, 걷는 행복을 알게 되었다.

그래서 고통을 향한다. 인생에 고통이 없이 너무 편안하다면 뭔가 잘못되고 있다는 신호이다. 그때는 고통을 자발적으로 찾아 나설 때이다. 먼저 찾아 나서지 않으면 원치 않는 고통이 닥쳐온다. 공무원으로서 안정적 삶을 살면서 이런 생각이 들었다.

뭔가 잘못되고 있구나. 이렇게 가다가는 원치 않는 고통이 들이닥칠 것이다

고통을 찾아 나설 때이다. 그래서 새롭게 시작했다. 안정적인 직업, 안정적인 생활, 매일매일이 똑같은 세상에서 벗어나 새로운 도전을 시작했다. 공무원 일을 그만뒀다. 사업을 시작했다. 나만의 능력을 발휘

해서, 나만이 할 수 있는 일로 누가 줬는지 모르는 선물을 세상에 돌려줘야 하기 때문이다.

이 길은 물론 고통이 가득한 길이다. 따박따박 나오는 월급 같은 건 없었다. 사업이 망해도 구해줄 안전장치 하나 없다. 쉬는 날 같은 건 없다. 휴가 같은 것도 없다. 옆에서 응원해 주는 사람도 없다. 어떤 기약도 없이 주7일, 자는 시간 빼고 일만 해야 한다.

그러나 놀랍게도 자발적으로 먼저 찾아가니 고통이 아니었다. 고통은 회피하려는 자에게만 고통이다. 그 의미와 가치를 알고서 자발적으로 찾아가는 사람에게 고통은 고통이 아니다. 왜 그럴까? 그것이 사람의 의무이기 때문이지 않을까? 우리는 세상 한 구성원으로서, 세상 모든 단면을 외면하지 않고 직시해야 할 의무가 있기 때문이지 않을까?

우리가 사는 세상은 양면적이다. 태양이 있고 달이 있다. 아침이 있고 밤이 있다. 차가움이 있고 뜨거움이 있다. 남자가 있고 여자가 있다. 시작이 있고 끝이 있다. 젊은이가 있고 노인이 있다. 긍정이 있고 부정이 있다. 삶이 있고 죽음이 있다. 어둠이 있고 빛이 있다. 흑색이 있고 백색이 있다.

그리고 행복이 있고 고통이 있다. 세상 구성원인 우리는 그 모든 면을 직시해야 할 의무가 있다. 외면하려 할수록 세상은 더더욱 보여주려고 할 뿐이다. 고통을 외면할수록 고통을 보여주려고 할 뿐이다. 직시해야한다. 의무를 기꺼이 다 하는 사람에게 고통은 즐거움이다. 그래서 기꺼이 고통을 찾아다니는 삶을 산다. 내 삶은 즐거움을 찾아다니는 삶이다.

비티오

꿈

호접몽(虎接夢)

호랑

| 프롤로그
| 1장 16살, 첫 포기의 기록
| 2장 선택의 기로
| 3장 삶의 끝자락에 만난 출발선
| 4장 그래서, 자네가 정말 원하는 것은 무엇인가?
| 5장 나는, 너야
| 에필로그

| 프롤로그

　나는 사람들이 '꿈'을 이야기할 때마다 『장자(莊子)』에 나오는 호접몽(胡蝶夢) 이야기를 떠올린다. 장자는 꿈에서 나비가 되어 날아다닌 후 꿈에서 깨어나 '사람'인 자신을 의심한다. 사람인 장자와 꿈에서 자유롭게 날아다니는 나비는 애매모호한 연결 관계다. 나는 이 이야기를 사람의 꿈과 현실이라는 실존의 문제로 읽는다. 꿈과 현실은 항상 마주할 준비가 되어 있다. 현실을 떠난 꿈은 존재하지 않는다.

　하지만 사람은 때로 현실과 꿈을 분리한다. 삶의 궤적에 꿈이 존재할 수 없다고 느낀다는 말이다. 삶에서 꿈을 벗겨낸 인간은 현실의 발등만을 바라본다. 발등만 바라보는 발걸음이 활기찰 수 없다. 좁은 시야가 사로잡는 암담함이 발목을 잡는다. 그래서 빅터 프랭클은 아우슈비츠 수용소에서 나와 "인간은 삶의 고난에서 의미를 찾아내는 실존적 문제에서 벗어날 수 없다"라고 촌평을 내놓았는지 모른다.

　인간이 실존적 문제에서 벗어날 수 없음은 공통적이지만, 개별 존재로서 인간이 느끼는 실존적 문제의식은 다르다. 문제의식이란 목도한 현실에서 나오는 법이다. 현실은 사람마다 다르게 주어진다. 현실을 자아내는 삶이 동일한 출발선을 허락하지 않기 때문이다.

　나의 실존적 문제의식은 '물질'이었다. 내가 태어나 오랜 기간 마주한 현실은 물질적 결핍에서 벗어날 수 없었다. 결핍을 느낀 인간은 그것으로부터 탈출하고자 몸부림치기 마련이다. 몸부림치는 방식은 사람마다 다르다.

나는 포기를 선택했다. 아니, 솔직히 말하겠다. 과거의 나는 포기를 '강요'받았다고 생각했다. 현실에서 꿈을 꾸는 순간마다 현실의 벽을 만났다. 현실의 벽을 목도했을 때, 내 손은 쥐고 있던 꿈을 놓았다. 마치 실체 없는 무언가가 내 꿈을 먹어 치우는 듯했다. 나는 내 꿈을 먹어 치우던, 물질이라는 현실의 벽을 '호랑이'라고 명명했었다. 그는 '꿈'이라는 먹이가 나타나면 발톱을 세우고 새빨갛게 물든 입을 나에게 보여주었다. 나는 두려웠다.

사실 두려움에 자유로울 존재는 없다. 바람이 불면 나뭇잎이 나부끼듯, 생명체는 삶에 떠오르는 각종 두려움에 다리를 떤다. 그러나 가끔 두려움을 이겨내야겠다고 생각할 때가 있다. 쳇바퀴 돌 듯 발생하는 문제, 생존에 대한 의문, 삶에 대한 회한, 그리고 껍데기처럼 느껴진 영혼이 자신을 각성하게 만드는 경우다.

오랜 기간 미로를 걷는 삶의 발자국을 남긴 후에야 나에게 각성이 떠올랐다. 각성의 힘은 강력했다. 다리를 사시나무처럼 떨면서도 나는 호랑이의 눈을 피하지 않았다. 그리고, 나는 지금의 내가 되었다.

1장

16살, 첫 포기의 기록

　헤르만 헤세는 『정원 일의 즐거움』에서 여름을 이렇게 표현했다. "강렬한 여름의 더위 때문에 나는 덧문을 닫아 놓은 채 작은 방 속에 갇혀 살고 있다." 과거나 현재나 여름은 움직이지 않아야 하는 계절인가 보다. 그런데 올해 여름, 내가 마음에 이끌려 더위를 뚫고 찾은 곳이 있다. 바로 고향 아파트다.

　하나의 장소는 사람의 기억을 담는다. 즐거운 기억도, 슬픈 기억도 모두 담는다. 그래서 사람은 익숙한 장소를 찾아 자신을 되돌아보곤 한다. 나에게 고향 아파트는 그런 곳이다. 유년 시절의 아픔, 고통, 그리고 슬픔이 아파트 곳곳에 묻어있다.

　한여름의 습한 바람이 앞머리를 흩날렸다. 나는 놀이터 그네 한 켠을 손으로 쓰다듬었다. 삶이 나에게 처음으로 포기란 선택을 주었던 곳. 손 끝을 타고 꿈을 포기한 어린 나의 슬픈 얼굴이 뇌리를 스쳤다. 평생 피아노와 함께 하겠다는 꿈의 좌절이었다.

나의 첫 꿈은 '글렌 굴드'의 〈골덴베르그 변주곡〉과 '마이리치오 폴리니'의 쇼팽 연주곡을 들으며 시작되었다. 글렌 굴드는 피아노계의 이단아였고, 마이리치오 폴리니는 독보적인 테크닉으로 유명했다. 두 사람의 공통점은 분명하다. 관행을 타파했다는 점이다. 어린 나의 눈에 두 사람의 이단아적인 풍모가 멋있어 보였다. 내 꿈을 들은 친구들은 큰 관심을 가지지 않았다. 피아노 선생님만이 나의 연습량을 늘리고 가르치면서 내 꿈이 헛되지 않기를 바랐다.

하지만 나에겐 재능이 없었다. 재능을 동반하지 않은 노력은 금세 끝이 보이는 법이다. 쇼팽 전집을 시작한 후, 한계가 내 눈 앞에 보이기 시작했다. 한계는 〈환상 즉흥곡〉에서 절정을 이뤘다. 선생님은 나에게 〈환상 즉흥곡〉을 건네기 전에 영상 하나를 보여줬다. 영상 속 피아니스트의 오른손과 왼손이 절규하며 짜릿한 해방감을 던지고 있었다. 아무리 영상을 뜯어봐도 나는 그 정도의 절규를 만들어 해방감을 던질 수 있는 사람이 아니었다. 꿈이 주관적 소유물이라고 하나 꿈의 가능성을 이성적으로 판단하는 자세도 중요함을 알았다. 나는 '글렌 굴드'나 '마이리치오 폴리니'의 손톱만큼도 따라가기 힘들었다.

꿈은 한계를 만나면 한 차례 굴곡을 짓는다. 나는 〈환상 즉흥곡〉을 만난 후 꿈을 변경했다. 피아니스트가 아닌 피아노와 함께 살아가는 삶을 만들어 나가기로 했다. 평생 피아노와 함께라면 행복할 것이란 생각이었다. 피아노 선생님은 그런 나를 보고, "돈이 많이 필요할텐데"라는 말과 함께 머리를 쓰다듬으시곤 했다.

나는 우리 집에 돈이 없다고 생각하지 않았다. 어머니에게 우리 집에 돈이 많냐고 물어봤을 때 어머니는 "그럼!"이라면서 자신 있게 이야기하셨다. 돈이 많이 필요하더라도 어머니를 믿고 가겠다고 다짐했다. 그러던 어느 날, 나는 울음 섞인 어머니의 말을 듣게 되었다.

"그러니까 엄마, 내가 말했잖아. 걔 도와주면 안 된다니까. 대체 몇 번째야. 나도 힘들어요 엄마. 이제 그만 좀, 제발 그만 좀 해요."

어른의 말은 겉과 속이 다르기에 때론 표정에 담긴 행간을 읽어야 한다는 것을 뒤늦게 이해했다. 그리고 어머니의 "그럼!"에는 자신감이 아닌 어려움과 슬픔이 담겨있었음을 받아들여야 했다. 이해하고 받아들이는 순간, 호랑이 한 마리가 새빨간 입을 벌리고 내 앞에 나타났다. 처음 만난 꿈의 포식자였다. 그는 스스럼없이 뛰어올라 내 꿈을 낚아챘다. 순식간에 입을 벌려 꿈을 찢어발겼다. 잔혹함 앞에 놓인 사람은 행위의 의지조차 잃어버린다. 나는 눈물조차 흘리지 못한 채 찢겨나가는 꿈을 보아야 했다. 16살의 여름이었다.

2장

선택의 기로

꿈도 인간관계처럼 인연인지라 애정의 연속선상에 있었다. 경우에 따라 애정은 혐오라는 모습으로 현현한다. 생애 첫 꿈을 이루지 못한 탓인지 나는 삶에 꿈을 가진다는 것을 혐오했다. 그래서 '하고 싶은 것'을 내려놓고 '해야 하는 것'에만 집중했다. 목적과 목표는 없었다. 그저 해야 하는 일이니 했을 뿐이다.

결과는 나쁘지 않았다. 의무감을 바닥에 깔고 노력을 더하니 남들이 알만한 대학교에 입학했다. 하지만 내 대학 생활은 가수 김연우가 부른 「이별택시」를 연상하게 한다. 방향타를 잡지 못한 채 시작한 대학 생활은 잃어버린 길 위의 발자국에 불과했다. 상관 없었다. 무난하게 졸업하고 좋은 곳에 취업하면 그만이라 생각했다.

하지만 인간은 항시 망각을 일삼는 동물이다. 심리학자 에빙하우스는 '망각 곡선'을 통해 인간 기억의 한계를 규정하기도 했다. 망각은 대학생인 나의 마음에 하나의 꿈을 심어주기에 이르렀다.

대학교를 3년가량 다니던 차에 외국 학생과 교류하는 행사에 참석하는 일정이 있었다. 그때 나는 무슨 일로 혼자 두 명의 외국 학생과 오랜 시간 이야기를 나누어야 했다. 짧은 영어 실력으로 땀은 흘렸지만, 손짓 발짓까지 활용하여 그 학생들에게 한국에 대한 다양한 면모를 알렸다. 외국 학생과의 교류에 동경이 생긴 시점이었다.

동경은 마음에 파장을 짓곤 한다. 학생 교류 행사를 마친 후에도 내 머리에 외국 학생과 대화했던 장면이 맴돌았다. 저들과 오랜 시간 대화를 나누고 공부하며 시야를 넓히고 싶다고 생각했다. 방법은 하나였다. 외국을 나가야만 했다.

자력으로 유학 갈 형편은 되지 않았다. 책을 살 돈이 부족해 도서관을 애용하던 나의 대학 생활은, 검소해야만 했다. 선배와의 술자리보다 식당에서 음식을 나르는 아르바이트에 더 많은 시간을 보냈고, 어디에서나 더 낮은 가격에 마음을 기울였다. 요컨대 내게 대학 생활이란 절제의 연속이었다.

하지만 갈망은 막힌 벽에서도 빛이 새어 나온 틈을 발견하곤 한다. 그때 나를 구원한 건 학교 제도였다. 수업 전 우연히 선배와 대화를 나누는데 교환학생 제도 이야기가 나왔다. 학교에서 교환학생 대상자를 선발해 전액 지원하는 제도였다. 하늘은 스스로 돕는 자를 돕는다 했던가. 나는 무조건 이 기회를 잡아야 했다.

생각하니 그때 나는 무모했다. 아르바이트로 점철되어 삶에 무언가 끼어들 여력이 없던 대학 생활이었다. 수면시간을 3시간으로 줄여가며 학업과 아르바이트를 병행했다. 하지만 교환학생에 지원하려면 토플 성적이 필요했다. 토플을 위해 하루 일정을 조정하던 나는 까무러칠 것만 같았다. 그럼에도 해내야 했다. 책상에서 불끈 쥔 나의 주먹이 결연했다.

나는 아르바이트 종류를 바꾸며 영어 시험을 준비했다. 노래방 관리나 편의점은 일과 일 사이에 틈이 보였다. 그 틈을 비집고 들어가 시간을 마련했다. 피로가 더할수록 영어 성적이 더해졌다. 결국 원하는 토플 성적을 취득했다. 교환학생에 지원만 하면 되는 상황이 됐다.

교환학생에 지원하고 잠을 제대로 이루지 못했다. 사람은 불가능성이 1%라도 존재할 때 불안감을 느낀다. 심지어 나에게 교환학생의 불가능성은 1% 이상이었다. 교환학생 결과가 나오는 날 아침부터 가슴이 두근거렸다. 시간이 지날수록 불안감은 마음을 뚫고 나와 하늘을 찔렀다. 오전 8시가 지나 오후 12시, 그리고 오후 2시 59분. 1분의 시간이 억겁의 시간처럼 지나갔다. 손목시계가 오후 3시를 가리킴과 동시에 교환학생 선발 결과를 클릭했다.

교환학생 합격이었다. 손으로 입을 막았다. 눈이 시큰해졌다. 그간 고생했던 일들이 주마등처럼 스쳐 지나갔다. 그 순간 나는 꿈을 이룬 사람이었다. 그런데 엄마에게 전화하려고 핸드폰을 든 순간 합격자 명단 아래에 쓰인 문장 한 줄이 보였다. 문장을 읽은 내 눈이 좌우로 흔들리기 시작했다.

학교는 교환학생을 두 가지로 분리하여 운영했다. 선발 학생들은 전액 장학금이냐 자부담이냐를 두고 희비喜悲가 엇갈렸다. 나는 전액 장학금 대상자가 아니었다. 비悲의 영역에 빠졌음을 의미했다.

선택이 필요했다. 더 나은 선택을 하려 각종 방법을 찾다가 눈두덩이 여러 번 화끈해졌다. 길이 보이지 않는데 길을 찾으려니 가슴만 답답했다. 최후의 수단으로 부모님께 도움을 요청하려고 눈을 돌렸다. 하지만 당시 부모님은 어려운 친척을 대신해 친척 형의 등록금을 냈던 상황이었다. 최후의 수단이 막혀버리니 답을 찾을 길이 요원했다.

　또다시 중학생 시절 보았던 호랑이가 입맛을 다시며 내 앞으로 걸어 나왔다. 아마 내 곁에서 나던 꿈 냄새를 맡은 것 같았다. 더 이상 나아갈 길은 보이지 않고 등 뒤로 호랑이가 입을 벌리니 무력감이 들었다. 막다른 길이었다.

　막다른 길에 몰린 사람은 무엇이든 선택해야 산다. 그때의 선택이 최선이 아닐지라도, 사람은 자신이 내린 선택이 최선이라고 생각해야만 한다. 자신의 선택을 믿음으로 삼고 진실이라 믿어야 생존할 수 있다. 나에겐 포기가 최선이었다. 물론 좌절감이 들었다. 자발적인 포기와 타의적인 포기는 심적으로 와닿는 무기력감의 차이가 있다. 그 이후, 나는 살아가는 동안 절대 꿈을 꾸지 않기로 다짐했다. 암흑기와 같은 20대의 서막이었다.

3장

삶의 끝자락에 만난 출발선

20대 후반, 나는 죽음을 결심했다. 삶에서 꿈이란 단어를 지운 채, 대학을 졸업하고 대기업 종합상사에 들어가 해외 영업사원으로 살던 어느 날이었다. 노력으로 해결되지 않는 권력관계를 절감한 날로 기억한다.

그날의 권력관계를 생각하면 한나 아렌트가 『예루살렘의 아이히만』에서 말한 악의 평범성이 떠오른다. 나에게 권력을 휘두른 그 사람도 평범한 가장이고, 좋은 아빠였을 수 있다. 그저 사회에서 지정한 힘의 우위가 그에게 권력을 주었고, 그는 휘둘렀을 뿐이다. 문제는 그 권력에 내가 고꾸라졌다는 사실이다.

종합상사 일은 거칠고 투박했다. 드라마 〈미생〉을 떠올리면 안 된다. 미화되고 순화된 장면이다. 종합상사 일은 그보다 거칠고 투박했다. 한 발자국 걸을 때마다 발을 찌르는 가시밭길과 같았다. 특히 '갑'과 '을'로 대변되는 거래처와 종합상사 사이에 일어나는 권력 행사는 가장 큰 가시였다.

나의 업무는 한국 철강의 해외 판매였기에, 국내 최대 철강사가 나의 갑이었다. 갑과 을의 경계는 감정의 표출과 은폐로 나타난다. 감정의 표출은 갑의 전유물이다. 반대로 감정의 은폐는 을의 미덕이다. 종합상사에서 인간관계는 이러한 역동으로 맺어지고 있었다.

그날도 감정을 은폐한 채 철강사 담당자에게 읍소하는 중이었다. 무리한 해외 구매자의 요청을 관철하기 위한 고육지계苦肉之計였다. 역시나 상대는 자신의 감정을 숨기지 않았다. 예민하고 까칠했다. 예민하고 까칠한 감정엔 다른 방도가 없었다. 내 감정을 더욱 숨기고 상대의 감정을 살피며 노심초사할 뿐이었다. 하지만 상대방에게서 쏟아지는 감정의 쓰나미는 쉽게 예측할 수 있는 것이 아니었다.

"내가 생산 공장이에요?"

"네?"

감정의 쓰나미였다. 나를 향해 돌진하는 상대의 감정에 내 마음은 속수무책이었다.

"아니, 내가 생산 공장이냐고. 왜 맨날 나한테 전화해서 너네 고객사 요구 들어주라면서 지랄이냐고!"

등에 식은땀이 주르륵 흘렀다. 순식간에 쏟아진 분노의 화살은 독개구리를 만진 동물처럼 나를 무기력하게 만들었다.

"호랑씨 혹시 대학 어디 나왔다고 했지?"

"저.. 저는 A대 나왔습니다."

예상치 못한 질문에 끽끽대는 목소리가 나왔다.

"그렇지? 그러니까 이러지. 호랑씨 생각해 봐. SKY 나온 애들은 이렇게 일 안 해. 호랑씨처럼 SKY 하위에서 대충 굴러먹다가 취업한 사람들이나 이렇게 거지같이 일하는 거야. 알아?"

"....."

"왜 말이 없지? 너무 사실이라 할 말이 없나? 자존심 상해? 왜 상사가 자존심을 세우지? 우리한테 빌어먹고 사는 주제에, 자존심을 가져? 아 진짜 더럽게 기분 나쁘네."

"죄... 죄송합니다.."

학창시절, 사과는 죄송한 상황에서 하는 것이라 배워왔다. 사회는 통속적인 배움의 산물을 인정하지 않는다. 사회에서 사과란 하위 권력의 물건이 상위 권력의 존재에게 의무적으로 던져야 하는 무엇이었다. 사회적 관계는 사과의 일방성을 기반으로 성장해 나간다. 을의 역할이 감정의 은폐인 이유다.

하지만 누구도 감정을 은폐하기만 할 순 없다. 숨기려 노력한 감정은 마음 깊은 곳에 눌리고 또 눌려 언젠가 곪아 터지고 만다. 그날 내 마음이 그랬다. 전화를 끊고 내쉬던 숨결 곳곳에 오랜 시간 눌러 담았던 감정이 새어 나왔다.

맹자를 포함한 고금의 철학자들은 사람과 동물의 차이로 공감 능력을 들곤 했다. 특히 감정에 대한 공감은 사회적 동물을 만드는 데 일조했다. 나와 함께 일하던 사회적 동물들은 그날 나의 감정을 알아차렸다. 과장님은 내 모든 업무를 중지시켰다. 휴가 아닌 휴가를 받은 날이 되었다.

감정의 소용돌이를 안고 걸으면 수많은 과거가 스치기 마련이다. 꿈을 지우고 살아온 순간이 주마등처럼 스쳤다. 꿈은 없을지언정 삶의 의무에 노력했던 삶이었다. 대학 입학과 회사 입사는 노력의 결과였다. 하지만 꿈 없는 노력의 결과는 곪아 터진 감정이었다. 앞이 보이지 않았다. 그래서 나는 죽음을 결심했다.

그런데 죽음이 무서웠다. 무서우니 순간적으로 죽었으면 했다. 빠르게 의식을 잃고 사라지고 싶었다. 눈을 들어보니 붉은 신호등이 보였다. 차들은 신호등의 불빛을 믿고 달음박질 치는 중이었다. 차와 내가 만나면 순식간에 나의 존재가 지워질 것임에 틀림없었다.

숨을 고르고 가만히 서성거렸다. 마음의 준비가 필요했다. 번민이 일어났고 갈등이 들끓었다. 죽는다는 일이 쉽지만은 않았다. 하지만 불어난 감정이 다시금 이성을 잠식했다. 나는 서서히 인간에게 금지된 영역으로 나를 밀어 넣었다.

죽음을 향해 걷는 인간은 이카루스가 태양에 다가섰던 기분을 알게 된다. 내 몸이 차도로 나감과 동시에 이상하리만큼 공포감이 안도감으로 변했다. 이제 곧 모든 것이 끝날 것이란 기대감이 내 마음을 감싸안았다. 한 걸음만 더 가면 끝이었다.

그때였다. 내 뒤로 "어어?"라는 소리가 들렸다. 내 발이 향하는 방향과 다른 방향의 힘이 양복 뒷덜미를 견인했고 내 얼굴엔 형언할 수 없는 아픔이 도래했다.

"뭐 하는 짓이야!"

살며시 뜬 내 눈에 50대 중반 가량 되어 보이는 아저씨가 보였다. 그는 숨을 헐떡이며 나를 노려보고 있었다. 곧, 헐떡이던 숨이 나를 향한 설교로 바뀌었다. 오랜 시간 이어진 설교에 이성을 잠식했던 감정이 슬며시 모습을 감췄다. 설교가 귀찮지 않았다. 편안하게 느껴졌다. 감정은 죽음을 선택했으나 이성은 삶을 선택하고 싶었나 보다.

삶을 선택한 이성은 삶의 변화까지 희망했다. 이성은 나에게 말했다. 꿈을 꾸자는 것은 아니라고 말이다. 그저 노력하면 결과가 나오는 일을 하자는 것이라고, 이성이 나를 설득했다. 이성에 설득당한 내가 선택한 행보는 대학원이었다.

4장

그래서, 자네가 정말 원하는 것은 무엇인가?

　대학원에 들어가려고 전공을 살펴보다가 빌헬름 슈미트의 『철학은 어떻게 삶이 되는가』를 떠올렸다. 그는 철학은 삶의 기술이고, 삶의 기술은 삶의 한계에 대한 인식을 바탕으로 살아가는 방법을 배우는 것이라 했다. 철학이 쓸모없다는 세상의 편견에 대한 정면 반박이었다. 경도된 나는 전공으로 철학을 선택했다.

　전공도 사람처럼 운명 같은 인연이라고 본다. 인간관계에 우연과 필연의 서사가 존재하듯 전공에도 갈망과 욕망의 발자국이 있다. 삶의 결핍을 채우려는 욕망이 전공 선택의 뿌리가 아니겠는가. 내가 느꼈던 삶의 결핍은 이상과 꿈을 물어뜯는 현실의 벽이란 호랑이였다. 철학이 이런 나의 결핍을 채워주리라 기대했다.

　잘못된 계산이었다. 철학은 그 무엇도 해결해 주지 않았다. 오히려 재정적 어려움 없이 대학원을 다니는 동료들 사이에서 극대화된 괴리감을 느꼈다. 격앙하고 분노하면서도 손을 놓진 못했다. 나의 삶에 인문학 연구자라는 새로운 꿈을 새겨넣기 시작한 이유였다. 꿈 냄새를 맡은 호랑이가 나타나도 울지 않겠다고 허세를 부렸지만 혼자 울며 두려워했다. 두려움에 꿈을 놓고 도망치기를 반복했다.

하루는, 그날따라 지도교수님이 뵙고 싶었다. 박사 과정을 수료하고 공부를 지속할 동력을 얻지 못한 채 중소기업을 전전하던 어느 날이었다. 휴가를 내고 만난 교수님은 변함없는 여유와 위트, 통찰이 담긴 눈으로 나를 맞이하셨다. 오랜 교수 생활로 다져진 통찰은 학생의 피로감을 꿰뚫는 것일까. 교수님은 나를 만나자마자 질문을 던지셨다.

"자네가 책을 읽을 때 가장 방해가 되는 것이 무엇인가?"

교수님은 관념 속에 유폐된 학문을 지양하셨다. 항상 학문은 실천으로 표출되어야 한다는 기조를 유지했다. 고전은 마땅히 삶의 지침이 되어야 하고 논문도 내 삶과 떨어져선 안 된다고 가르쳤다. 그렇기에 교수님은 어려운 존재였다. 안팎으로 단단한 사람을 편안한 마음으로 마주하기란 쉽지 않은 일이다.

사실 대학원을 수료하고 공부를 던진 채 돈을 버는 일을 택했지만 내가 원하는 세상은 아니었다. 나도 내 인생이 바닥을 치고 있다는 것을 알았다. 교수님의 질문을 받자마자 그 순간부터 내 가슴이 아파오기 시작했다. 공부하고 싶다는 갈망을 품은 채 회사에 공부할 시간을 빼앗기고 밤마다 소리죽여 우는 것. 그게 당시 내 인생이었다.

말을 멈추고 찻잔을 바라보는 나에게 교수님은 양쪽 입꼬리를 올리며 한 말씀 던지셨다.

"무슨 생각이 그리 많아. 머릿속에 잡념들이 많이 떠다니는구먼?"

교수님과 내가 맞았던 건 둘 다 말이 별로 없다는 사실이었다. 말을 하기보다 말을 듣는 데 재주가 있었다. 그런데 전에 없이 내 입이 고민을 털어놓고 있었다. 꿈을 방해하는 현실의 벽으로 오랜 기간 삶이 순탄치 않았다는 고민이었다. 잠시 정적이 흐르는 동안 찻물 온도가 내려갔다. 눈을 감고 생각하던 교수님은 가만히 찻물을 들이키셨다.

"그래서 자네가 정말 원하는 것은 무엇인가?"

평생 한 번 만나지 못했던 질문이 내 앞에 놓였다. 나조차 자신에게 원하는 것이 무엇인지 물어본 일이 없었다. 막힌 말문이 터지지 않았다. 머리가 복잡했다. 교수님의 질문 한 줄기를 타고 돈이라는 문제에 가로막혀 억압된 욕망이 올라오고 있었다. 삶을 통틀어 돈을 원한 적은 없었다고 기억했다. 돈을 탓했을 뿐이다.

"자네가 돈을 원했다면 당장 나가서 돈을 벌었어야지. 그럼에도 학문을 하겠다고 덤비고 있는 것은 이것에 집중하겠다고 스스로 선언한 것은 아닌가? 그런데 왜 스스로 선택한 길에 집중하지 못하고 방황하고 있나? 생각이 너무 많은 것도 삶에 그리 좋진 않네."

남들의 타고난 것을 부러워했었다. 가지지 못함에 집중하고, 가지고 있음을 살피지 않았다. 보호받지 못했다고 판단했던 어린 자아가 성인이 된 나를 지배했던 것일까. 포기와 좌절, 삶에 대한 조롱과 비난, 내 삶은 부정 그 자체였다. 짧은 생을 그렇게 살아왔다.

"자신이 진정으로 원하는 것이 있다면, 원하는 것을 하기 위한 자율적 삶의 방식을 만들어 나갈 필요가 있네. 현실적인 문제를 버릴 순 없겠지. 하지만 현실적 문제가 고민된다고 해서 타율적인 시간에 나를 맡겨둔다면 진정 원하는 것을 할 수 있겠나? 어떻게 하면 자율적으로 살아가며 내가 원하는 것에 집중할 수 있을지 고민할 필요가 있겠네."

노년에 이르러 삶의 원칙을 깨달은 자에 대한 존경심이 들었다. 환경이 존재를 규제함에도 상황을 극복해 나가라는 그 말이 메마른 나의 머리를 각성시켰다. 미완성으로 태어난 존재는 수많은 걸음을 통해 완성으로 나아간다는 사실도 자각했다. 그날 집에 돌아와 상당한 알콜을 흡입했다. 회한, 후회와 더불어 기쁨이 몸에 스며들었다. 이젠 새로운 길로 나아갈 수 있을 것만 같았다.

5장

나는, 너야

　　취한 술이 수면에 도움이 되지 않는 날이 있다. 심각한 고민이 머리를 채웠거나 새로운 사실로 정신이 각성한 경우다. 고민은 머리를 비우고자 노력하면 해결되기에 긴장할 대상이 아니다. 긴장해야 할 상황은 정신이 각성한 상황이다. 유례없는 용기가 치솟기 때문이다.

　　나는 그날 눈을 감고 마음속 호랑이를 찾아갔다. 내 곁에 풍기는 꿈의 냄새를 따라 호랑이가 어슬렁거리던 오솔길을 건넜다. 오솔길 끝자락에 호랑이 동굴이 있었다. 나는 취기를 빌려 동굴 앞단을 톡톡 두드렸다. 심호흡을 하고 동굴 안으로 발걸음을 옮겼다. 저 멀리 호랑이의 그림자가 보이기 시작했다. 호랑이는 가만히 고개를 들었다. 처음으로 마주한 호랑이의 얼굴이었다.

　　예상치 못한 상황을 만난 사람은 비명조차 쉽게 내뱉을 수 없다. 비명을 내뱉지도 못한 채 얼빠진 얼굴로 정면을 응시할 뿐이다. 호랑이의 얼굴은 내가 단 한 순간도 예상치 못한 형태였다. 내가 예상한 호랑이의 얼굴은 『베니스의 상인』에 등장한 샤일록이었다. 물질적 빈곤만이 이상을 잠식한다고 인식해 왔다. 오해였다.

호랑이가 가진 것은 나의 얼굴이었다. 상처받은 자화상이 호랑이의 안면을 뒤덮고 있었다.

"나는, 너야."

아니야. 그 말을 들은 내가 가슴으로 부정했다. 네가 나였다면, 너는 내 꿈을 그렇게 무참히 살해했을 리 없어. 부정하면서도, 상처받은 영혼의 목소리에 콧잔등이 시큰해졌다.

"왜 나를 막지 않았어?"

"미안해."

내가 상처받은 그 얼굴을 바라보며 말했다.

"정말 미안. 용기가 없었어."

존재가 품은 꿈은 생각보다 강력한 탄성彈性을 자랑한다. 그 누구도 꿈의 실타래를 함부로 끊어낼 수 없다. 호랑이의 상처받은 얼굴은 그 모든 것이 나로부터 시작된 것임을 암시했다. 사건의 근원지를 탐색하지 않고 애먼 곳만 바라보며 원망을 뿌려대고 있었다는 말이다.

"이젠 그러지 마. 나를 잘 막아줘."

갑자기 따스한 기운이 몸에 느껴졌다. 나를 포옹한 호랑이에게서 느껴진 온기였다. 그리고 별안간 호랑이가 나에게 스며들었다. 잠시 뒤, 내 눈은 현실로 돌아와 천장을 바라보고 있었다. 꿈에서 만난 호랑이가 눈 앞에 있는 것 같았다. 장자가 호접몽(胡蝶夢)으로 나비가 되는 경험을 했다면 나는 호접몽(虎接夢)으로 호랑이와 하나가 됐다. 나는 호랑이였고, 호랑이는 나였다. 스스럼없이 행동할 수 있는 동력이 생겼다.

에필로그

　강연할 때면 조선시대에 노비 출신 관료가 존재했다는 사실을 말한다. '반석평'이라는 사람이다. 그는 뿌리가 양반이지만 어머니가 천출賤出인 관계로 과거시험을 볼 수 없었다. 하지만 그의 조모는 반석평의 명석함을 눈치채고 서울로 데리고 올라와 그의 신분을 숨긴 채 각종 일을 하며 지원했다. 그가 과거시험에 합격하여 관료 생활을 시작할 수 있었던 근간이었다.

　하급 관리로 관료 생활을 시작한 그는 북쪽 변방지대 여진족 상황을 면밀하게 분석한 보고로 중종의 신임을 얻기 시작한다. 그는 여러 차례 관찰사로 임명되기도 하고, 재상의 자리까지 오르기도 한다. 미천한 신분이 드러나 힘든 상황도 있었지만, 중종의 신임 아래 관료 생활을 유지할 수 있었다. 누구나 그처럼 운이 좋지 않다. 다만 그는 자신이 할 수 있는 영역에 최선을 다했고 무엇보다 성실했다.

　얼마 전 대학원생이던 내가 만났던 대학생이 철학이라는 전공의 한계를 극복하고 대기업에 취업했다. 수없이 취업에 실패하며 좌절하던 그녀에게 내가 했던 말은 한계를 잊어버리고 할 수 있는 일에 집중하라는 말이었다. 그녀는 책임감이 강했고 그녀가 할 수 있는 일은 그간 했던 성과를 자신하는 일이었다. 모든 존재는 그 존재만이 할 수 있는 일이 있는 법이다. 나도 물질이라는 매혹에서 벗어나 내면의 가치를 추구할 수 있는 사람이었다. 마음만 잘 먹는다면 말이다.

　물질적 풍요를 욕망하지 않고 자신의 이상을 향해 묵묵히 달리는 것만으로 괜찮은 존재가 될 수 있다고 생각한다. 마음을 다잡고 물질에서 멀어진 채 이상만 바라보는 일이 가능하다는 사실을 나는 30대 후반이 되어서야 깨달았다. 호랑이가 마지막으로 나를 포옹하며 사라질 때 활짝 웃던 얼굴이 기억난다. 미성숙한 나에게 "이제 그러지 마" 하던 목소리가 지금도 들리는 것 같다. 세상은 렌즈에 비친 피조물 같다. 마음에 비친 세상은 쉽게 굴절되고 왜곡된다. 왜곡되었다고 휘어진 것이 아니다. 내 마음이 굴절되어 세상을 왜곡하고 있었다. 그저, 알지 못했을 뿐이다.

다시, 나를 쓰다

황태웅

│ 프롤로그
│ 1장 멈춤_봄날의 꿈이 사라지다
│ 2장 재회_심해에서 DNA를 건져 올리다
│ 3장 희망_글의 바다를 항해하다
│ 4장 시작_다시 만난 꿈, 새싹을 틔우다
│ 에필로그

| 프롤로그

다람쥐 쳇바퀴처럼 매일 반복되는 일상에서 또 하루를 맞이했다. 직장 생활을 시작한 지도 벌써 28년이란 세월이 흘렀다. 주어진 환경에 맞추며 사느라 내향적인 나의 감정을 숨겨 온 시간이 누적되고 있었다. 50대 중반이 되어서도 여전히 상황은 크게 달라지지 않았다. 문득 알 수 없는 허전함이 밀려들 때가 있다.

일상의 공허함이 스며들기 시작하던 즈음, 직장에서의 예기치 못한 변화로 마음에 파동이 일었다. 그간의 삶의 목적과 방향이 사라진 듯 광활한 대지 위에 중년의 사내가 홀로 서 있다. 인생에 있어서 언젠가는 맞닥뜨려야 하는 숙명적인 과정이지만 막상 마주하고 보니 생각보다 고통스럽다.

인생을 살면서 가끔은 막다른 골목에 다다른 것 같은 경험을 하게 된다. 더 이상 탈출구가 보이지 않을 것만 같은 답답함에 짓눌리지만, 쉽사리 그 해답을 찾지 못한다. 주어진 외부의 영향에서 벗어나기 위해 몸부림칠수록 더욱더 현실의 사슬이 옥죄어 온다. 나는 무엇을 향해 가고 있고 또 어디로 가야 하는 것일까? 막연히 좇고 있던 인생의 방향에서 수도 없이 되뇌던 이 질문에는 여전히 명쾌한 답을 찾지 못하고 있다.

어느 날, 누렇게 빛이 바랜 어린 시절 기억의 보물 상자를 발견했다. 40여 년을 잊고 지냈던 기억의 저편에서 불쑥 그 아이가 나타났다. 그 아이는 내게 다가와 속삭였다. 그동안 잊고 살았던 기억의 조각. 현실에서 마주한 혼란의 끝에서 나는 무엇을 만나게 된 걸까? 내 기억 너머에 오랫동안 숨어있던, 어쩌면 꺼내주기를 기다렸던 또 다른 내 꿈에 대한 이야기를 지금부터 시작해 본다.

1장

멈춤_봄날의 꿈이 사라지다

    대학을 졸업한 후 반도체 회사의 포토 공정 기술팀에 배치받아 엔지니어로 직장 생활을 시작했다. 논리적으로 분석하기를 좋아하던 내게 잘 맞는 직업이다. 어린 시절 꿈을 묻는 질문에 주저하지 않고 '과학자'라고 대답하곤 했다. 반도체와 디스플레이 제품 제조 분야에서 일을 하게 되었으니 어린 시절의 꿈이 나를 이끈 것이란 생각이 들었다. 직장에서는 대학에서 배웠던 이론적인 개념에 더해 몸속까지 스며드는 제조 현장을 경험하게 되었다.

    정신없이 일에 매달려 눈 깜짝할 새 3년이 흘러갔다. 그러다가 문득 회사의 성장 불확실성이 내 눈에도 보이기 시작하면서 막연한 불안감이 점점 커져만 갔다. 더 늦기 전에 대기업으로 옮겨야겠다는 초조감이 생겼고, 급기야는 이직을 결심했다. 짧고 굵게 3년 4개월의 첫 직장 생활을 그렇게 마무리했다.

    대기업으로 이직한 후의 생활은 상상하던 것과는 아주 달랐다. 경력자로서 적응이 어렵지 않을 거라 생각했지만 출근 후 얼마 지나지 않아 그 기대는 산산조각이 났다. 성과 지향적인 대기업 문화는 업무 강도가 현격히 높았다. 낯선 조직 문화에 적응하기도 쉽지 않았다. 엄청난 육체적 정신적 고통의 시간이 뒤따랐다. 대기업에 다닌다는 허울 좋은 자긍심은 얻었으나 삶의 질은 급속히 나빠졌다. 이직한 것을 정말 많이 후회했다. 대기업에 대한 막연한 환상이 몰고 온 고통의 시간이었다.

이직한 뒤 느낀 것이지만 직장의 만족도는 결국 자신에게 달린 것이다. 가보지 않은 길에 대한 막연한 기대가 막상 현실이 되면 대가를 톡톡히 치러야 한다. 아주 긴 시간 동안 이직을 후회했다. 언제나 기억의 사과는 현재를 고통스럽게 한다. 그래서 퇴사하거나 경력 입사한 후배들이 물어오면 과거와 현재의 열매를 비교하지 말라는 조언을 한다. 현재에 충실한 것이 최선이라고.

그렇게 옮긴 직장에서 어느덧 24년이라는 세월이 흘렀다. 물론 포기하고 싶었던 순간도 수없이 많았다. 엉킨 실타래 같은 문제에 부딪혀 수많은 밤을 지새웠다. 극한의 상황은 나를 벼랑으로 몰아갔지만 막다른 길에서도 최선을 다했고, 힘든 시간의 터널을 지나왔다. '한 우물을 파라'는 말처럼 한 분야에서 포기하지 않고 꾸준히 노력한 결과 전문 엔지니어로 자리매김할 수 있었다. 강산이 두 번 바뀌는 이력이 붙자 나는 팀 리더에서 여러 팀을 이끄는 상위 부서 리더로 승진했다. 나만의 집무실을 갖게 됐고 법인 차량도 지급받았다. 마침내 회사에서 중요한 사람이 된 것 같은 성취감을 느꼈다.

나는 부서를 운영하는 근간을 '사람'에 두었다. 사람의 마음을 얻는다면 성과는 자연히 뒤따르기 마련이라는 강한 믿음이 있었다. 믿고 기다려주는 자율적인 분위기를 만든다면 기술 개발에 몰입하는 조직 문화를 만들 수 있고, 그것은 구성원들에게도 만족도가 높다. 물론 초반에는 바람대로 될까, 하는 리더로서의 불안한 마음도 있었다. 하지만 스스로 일하는 문화가 확산되자 업무 성과가 나기 시작했다. 조직원들을 세심하게 살피는 '섬김의 리더십'이 거대 조직에서도 통했다. 수많은 실패와 거듭되는 좌절 뒤에 얻은 보람이었다.

고진감래의 단꿈에 젖어 지속적인 성장의 꽃길이 펼쳐질 것만 같았는데 청천벽력 같은 소문이 돌았다. 시장 영향으로 경영 환경이 급속도로 위축되면서 소문은 결국 '부서 폐지'라는 구조조정의 철퇴로 돌아왔다. 엔지니어로서 부단한 부침 속에 리더로 성장한 나는 내 역량을 마음껏 펼쳐보지도 못한 채 막다른 골목에서 거대한 벽을 만났다. 시간은 잔인하게 흘러갔다. 조직을 잃은 구성원들의 사기 저하를 최소화하는 것이 나의 마지막 임무라고 생각했다. 팀들의 리더로서 마지막을 보내던 날, 나의 자부심이었던 직책과 포부는 신기루처럼 사라져 버렸다. 내 인생의 첫 번째 도약과 성장의 시계는 멈추었다. 그야말로 일장춘몽이 따로 없었다.

나는 그날을 잊지 못한다. 내가 이끌던 부서를 잃고 나서 사람들의 마음을 알게 된 그날 말이다. 부서의 팀 리더들과 마지막 회식을 하던 날, 소식을 듣고 내 동료이자 조직원이었던 사람들이 몰려왔다. 한걸음에 달려와 준 사람들의 마음이 정말 고마웠다. 함께 했던 고난의 시간, 그리고 성취의 시간을 회상하며 술잔을 기울였다. 울컥하는 마음을 감추느라 오히려 더 북적이던 술자리였지만 순간순간 적막감에 빠져드는 건 어쩔 수 없었다. 술자리가 파하자 구성원들이 술집 앞 대로에서 나를 들어 헹가래를 해주었다. 회사에서 그들과 나의 전부였던 부서가 없어지고 백의종군하는 전임 리더에게 구성원들이 보내주는 마음의 선물이 너무나 고마웠다.

 영광의 순간은 오랜 기간 수많은 계단을 올라야 했지만 절망의 시간은 순식간에 찾아와 모든 걸 삼켜버렸다. 갑작스러운 변화로 뒤엉킨 나의 마음은 쉽사리 진정되지 않았다. 수만 가닥의 생각으로 어지러운 나를 달래기 위해 며칠 휴가를 냈다. 자책과 아쉬움이 뒤섞여 한숨이 계속 나왔다. 술로 마음을 달래 보기도 하고, 혼자 여행을 떠나 보기도 했지만 아무 소용이 없었다. 멍하니 자조의 시간이 또 그렇게 흘러갔다. 그 어떤 것으로도 나 자신을 달랠 수 없었다. 한순간 모든 것을 빼앗긴 열패감이 계속 따라다니며 나를 괴롭혔다. 아무리 돌이켜본들 어쩔 수 없는 현실에 대한 자각은 어두운 동굴 속에서 길을 잃은 아이 같았다.

| 2장

재회_심해에서 DNA를 건져 올리다

　늦은 오후, 멍하니 책상 위 노트북을 보다가 무작정 글을 쓰기 시작했다. 공허한 마음을 추스르고 다시 시작하고 싶은 내면의 의지였는지도 모른다. 불쑥 튀어나오는 자괴감, 망설임과 기대 같은 모든 마음들을 적어나가기 시작했다. 치기 어린 감정들이, 때로는 앞뒤 맥락도 없는 내면의 아우성들이 손끝을 타고 튕겨져 나왔다. 문장은 들쭉날쭉했다. 하지만 썼다 지우고 쓰기를 반복하면서 엉클어진 마음의 실타래가 조금은 풀리는 것 같았다. 내면의 목소리가 묻고 솔직히 대답함으로써 나는 안정을 찾고 있었다. 목적도 방향도 없는 글쓰기는 그렇게 불현듯 시작되었고, 내 안의 소용돌이치는 울분과 혼란을 가라앉히고 있었다.

　글을 쓰다가 문득 어린 시절의 나를 만난다. 고향 마을은 내겐 행복한 쉼터 같은 곳이다. 북쪽에는 아미산이 있고 남쪽에는 남해바다가 펼쳐져 있는 고향 마을. 봄·가을이면 동네 친구들과 산과 밭으로 뛰어다녔고, 한여름에는 뜨거운 뙤약볕 아래 바다에서 첨벙거렸다. 여름방학이 끝나고 새카맣게 타버린 우리들이 교실로 돌아가면 선생님은 누가 누구인지 분간을 못하실 정도였다. 겨울에는 어떤가. 꽁꽁 얼어붙은 냇가에서 얼음 썰매를 타느라 손이 터지고 피딱지도 생겼지만 뭐가 대수랴. 언제나 돌아가고 싶은 사랑스런 추억의 다대포 내 고향.

어린 시절, 내게 책 읽기와 글쓰기는 한없는 지루함이었다. 집 밖에서 친구들과 함께 노는 시간만이 생생하게 살아있는 진짜였다. 긴긴 방학이었지만 친구들과 산과 바다로 정신없이 뛰어노느라 방학 숙제는 뒷전이었다. 개학이 코앞에 와서야 글짓기 숙제가 있다는 걸 깨닫게 되다니. 나는 다른 숙제들을 하기에도 바쁜 터라 글짓기 숙제는 항상 어머니의 몫이었다. 어머니는 숙제는 꼭 해가야 한다며 내가 제일 곤욕을 치르는 글짓기 숙제를 맡아주셨다. 내 수준에 맞게 그 자리에서 뚝딱뚝딱 한달음에 써 주셨다. 어린 나에게 그때의 어머니는 신비한 능력을 갖춘 마술사였다. 딱 초등학교 학생의 눈높이에 맞춘 글이었다. 그렇게 매번 방학이 끝날 때쯤 어머니의 글을 원고지에 베끼던 기억이 가득하다.

이렇게 어머니의 글을 베껴 쓰던 개구쟁이 소년에게 대박 횡재수가 터졌다. 초등학교 5학년 때 전교생이 놀랄만한 사건의 주인공이 된 것이다. 한국보이스카우트 부산연맹에서 주최한 기능경기대회 글짓기 부문에서 나도 믿지 못할 최고상을 받은 것이다. 평소 책을 열심히 읽은 것도 아니고 글짓기를 좋아하지도 않은 내가 최고상을 받다니! 1981년 6월 21일. 내 인생에서 처음으로 최우수상을 받은 날. 오래된 사진첩에는 그날의 어머니와 나의 자부심이 생생히 깃든 빛바랜 상장이 남아 있다.

그날, 실내 체육관 대회장에서 과거를 보듯 열을 맞춰 앉은 나는 뭘

쓸까를 고민하다가 무릎을 쳤을 것이다. 그러고는 친구들과 아름다운 자연에서 뛰노는 모습을 떠올리며 신나게 써 내려갔을 것이다. 매번 어머니 곁에서 보채며 받아쓰기만 하던 내가 어머니의 도움 없이 혼자서 글을 써낸 것이다. 수상 소식에 어머니가 나보다 더 기뻐하신 것은 물론이다. 마치 시험을 치는 소녀처럼 글쓰기 숙제를 대신해 주시던 어머니의 한없이 진지한 표정이 지금도 눈에 선하다.

그렇게 또 세월이 흐르고 글쓰기와는 담을 쌓고 살았는데, 지금은 거의 매일 같이 블로그에 글을 쓰고 있다. 안부를 묻는 블로그 이웃들도 제법 많고 나름 그 세계에서는 성실한 필자이기도 하다. 과연 내 글쓰기 여정의 시작은 어디쯤일까를 생각하다가 소싯적의 사건이 떠오른 것이다. 그때 나는 어떤 글을 썼을까? 어머니가 쓴 글을 베끼기나 하던 소년이 어떻게 그 큰상을 받았을까? 갑자기 찾아온 궁금증은 꼬리에 꼬리를 물었다. 엉뚱하게도 그 당시 내가 썼던 글을 찾아서 읽어 보고 싶은 간절함이 생겼다. 사십여 년이 흘러서 가능성이 희박하다고 생각하면서도 어느새 나는 한국스카우트 부산연맹의 이메일 주소를 찾고 있었다. 그러고는 라디오에 사연을 보내듯 이메일을 보냈다. 그런데 반송! 애초에 무모한 일이었다고 생각하며 헛웃음이 나왔다. 한 달이 더 흘렀다. 그런데 집요한 성격이 발동했는지 내친김에 가보기로 했다. 이번에는 직접 전화를 걸었다. 나는 다짜고짜 그러나 정중하게 한국스카우트 부산연맹 직원에게 요청했다.

"안녕하세요? 좀 아니, 많이 황당하게 들릴 수도 있겠지만 부탁 좀 드리려고 합니다. 저는 1981년에 초등학교 5학년이었는데요. 그 당시 부산연맹에서 주최한 기능경기대회에서 글짓기 부문 최우수상을 받았었습니다. 지금은 블로그에 매일 글을 쓰고 있는데요. 제 글쓰기의 시작이 거기서 비롯되었다는 확신 아닌 확신이 들어서요. 꼭 좀 제가 그 당시에 어떤 글을 썼는지 너무 보고 싶습니다. 잊고 있었던 어린 시절의 꿈을 되찾은 것만 같아서요. 그래서 좀 무리가 되는 줄 알면서도 용기 내어 연락을 드렸습니다."

수화기 너머 묵묵부답. 잠시의 침묵을 깨고 저음의 묵직한 남자 목소리가 들려왔다. 너무 오래전이고 전산화 이전이라 자료가 없을 가능성이 크다고 했다. 내 오래된 추억을 찾을 수 없겠지, 사십 년 전이니. 그런데 한국스카우트 연맹에서 발간한 오래된 월간지들이 창고에 보관돼 있으니 한번 찾아봐 주겠노라 했다. 지금은 바쁘니 다음 주 중으로 연락을 하시겠다고. 찾아봐 주시겠다는 말씀만으로도 너무 기뻤다. 사십 년도 넘게 잊고 살았는데, 그깟 한 주 더 기다리는 것이 문제겠는가.

그날 오후 낯선 번호로 전화가 왔다. 오전에 통화한 그분이다. 어린 시절 꿈을 찾는다는 말을 듣고 본인도 묘한 설렘이 느껴져 곧바로 창고로 달려갔다고 했다. 심장이 두근거렸다. 열두 살 소년의 나를 다시 만날 수만 있다면. 기대감으로 두근거리던 심장이 이젠 요동치기 시작했다.

하지만 아쉽게도 내 글을 찾지 못했다는 답변이 들려왔다. 그리고 사진 한 장이 전송되었다. 섭섭한 내 마음을 달래주려고 그러셨는지 그 당시 발간된 스카우트 정기 간행물에 실린 기능경기대회 개최 기사를 사진으로 찍어서 보내 주신 것이다. 아쉽게도 대회가 열렸다는 내용은 있었지만 수상작은 수록되어 있지 않았다. 누렇게 빛이 바랜, 오래된 책자에는 그날의 대회 내용이 선명하게 실려 있었다. 그걸로도 나는 충분히 행복했다. 비록 내 글은 찾을 수 없었지만, 덕분에 그 시절로 다시 돌아간 듯 가슴이 뭉클했다.

보이 스카우트 (1981년 8호)

"부산 연맹에서는 지난 6월 21일에 대원 1천여 명이 참가한 가운데 기능경기대회를 개최하였다. 스카우트 활동을 하면서 평소 연마한 각급 기능을 발휘하여 기량을 겨룬 이날 대회에서... (중략) 스카우트의 명예를 걸고 국가 사회에 유용한 공민이 될 것을 다짐하며 진지하게 경기에 임해 많은 참관 인사들로부터 격려를 받았다."

먼지가 풀풀 나는 그 오래된 자료를 뒤적여 기사를 찾아주신 분은 한국스카우트 부산연맹 사무처장님이셨다. 내 오래된 꿈 얘기를 들으며 그분도 가슴이 설레었노라고 하셨다. 갑작스럽게 황당한 요청에도 마다하지 않고 본인의 일처럼 수고해 주신 사무처장님께 다시 한번 감사의 말씀을 드린다.

이런 해프닝이 불러온 시간 여행이 앞으로 나의 글쓰기 여정에 어떤 영향을 미칠까. 내가 살아오면서 흔들렸던 순간에 나를 잡아준 글쓰기. 그 시작은 그때 그 어린 소년이 느꼈을 글에 대한 자부심이 아니었을까. 그것은 지금의 글쓰기에 대한 열정의 씨앗이고, 세월과 함께 나도 모르게 자라서 지친 내게 찾아와 준 것이 아닐까. 깊은 바다, 저 심해心海 속에 잠겨 있던 나의 글쓰기 DNA를 정성스럽게 건져 올린다. 이 재회로 나는 더 진솔하고 아름다운 글을 쓸 수 있으리라.

3장

희망_글의 바다를 항해하다

    직장에서 혼란해진 나의 마음을 받아준 것은 블로그였다. 내 마음의 도피처가 필요했었는지도 모른다. 처음에는 블로그라는 공간에 나의 글을 올리기만 하면 되는 줄 알았다. 하지만 그 공간에는 사람의 마음이 글에 묻어나 향기처럼 흐르고 있었다. 사람의 마음이 글과 글 사이의 댓글로 흐르면서 모아지기도 하고 넓어지고 있었다. 나는 어느덧 이웃 블로그의 글을 읽고 댓글을 달며 이심전심 마음의 빈자리를 채워갔다.

    그러다가도 글이 잘 써지지 않는 날이 찾아온다. 어떨 때는 글쓰기가 의무 같기도 하고 알 수 없이 마음이 무거웠다. 내가 지금 무엇을 쓰고 있는 건지 자신도 없고, 그렇게 발행한 글도 어색하기만 했다. 나는 또 아래로 아래로 문장들에 덮여서 침몰하는 것만 같았다. 이웃들에게 혼란한 내 마음을 숨기고 이렇게 쓴 글을 전달해도 될까 하는 걱정이 앞섰다.

    올봄에도 그랬다. 사방이 꽃 천지였지만 내 마음은 얼음장처럼 차

디찼다. 그런 나의 마음을 글 속에 고스란히 드러낼 수는 없었다. 그렇게 내 어두운 마음을 문장 안에 숨겨두었는데 행간의 의미를 눈치챈 이웃들은 정말 대단한 독자였다. 놀랍게도 많은 이웃 블로거들이 내가 힘들어한다는 것을 알아차렸다. 그리고 그들은 내게 힘이 되는 응원과 위로를 보냈다. 나는 글 쓰는 사람이기도 하지만 한편으로는 그들의 진심을 읽어낼 수 있는 독자이기도 했다. 마음의 파고는 가라앉고 침몰하던 마음은 점점 수면으로 올라와 평온을 되찾게 되었다.

나는 종종 블로그 세상을 마법사들이 사는 해리포터의 호그와트에 비유한다. 마음이 통하는 마법사들이 살고 있는 비밀스러운 공간 말이다. 전철을 타고 이동할 때면 종종 나는 호그와트행 마법의 열차로 들어가는 상상을 한다. 그곳에서는 나도 하늘을 날 수도 있고, 과거와 미래로 시간 여행도 할 수 있다. 수줍음 많은 소년은 개구쟁이로 변신해 누구와도 친구가 된다. 직업도 나이도 성별도 세상의 잣대나 기준 따위는 불필요하고 모든 제약은 사라진다. 다만 우리를 다정하게 하는 마법만이 존재한다.

블로그 세계에서는 글을 통해 시공간에 이야기를 정지된 상태로 멈추게 한다. 누구나 시공간을 넘나들며 서로 만날 수 있다. 우리가 쓰는 글이 부리는 마법의 세상이 그곳에 펼쳐진다. 블로그의 마법사인 이웃들은 다양한 사람들을 탐험할 수 있고, 때로는 그 사람의 마음을 움직이게 할 수도 있다. 행복한 사람을 더 행복하게 하고, 슬픈 사람에게는 격려를 해주고, 응원이 필요한 시무룩한 사람에게는 응원이 되는 마법의 가루를 뿌린다. 이 세계에서는 그 마법의 가루를 댓글이라 부른다. 다정한 마음이 녹아있는 마법의 가루가 뿌려지면 차갑던 마음은 온기를 되찾고, 때로는 상처가 치유되는 신비한 경험을 하게 된다.

각자가 설계한 시공간에서 재미있는 일들이 벌어진다. 현생에서는 나이 어린 동생이지만 블로그 세상에서는 가끔 누나나 형이 되는 드라마가 펼쳐지기도 한다. 가끔 이런 뒤바뀜이 상대의 마음을 이해하는 다리가 되기도 하고, 타임머신을 탄 것처럼 천진난만한 어린아이로 되돌아가 보는 특별한 경험을 하게도 한다.

심해에 가라앉았던 나에게 수많은 마법사가 한걸음에 달려왔다. 그들은 마법의 가루를 상냥하게 뿌려 주었고 덕분에 무거운 마음이 한결 가벼워졌다. 그곳에서 위안을 얻고 치유받으며 새로운 희망을 찾고 있는 나를 발견하게 된다. 이웃들의 응원을 받으며 나를 찾아 떠나는 여행을 조심스레 시작했다. 그 꿈 여행의 종착지가 어디인지는 아직 나는 모른다. 하지만 분명한 것은 나는 설레고 즐겁고 기쁘고 그리고 무엇보다 내 가슴이 꿈틀거리며 기대를 품는다는 것이다.

4장

시작_다시 만난 꿈, 새싹을 틔우다

글쓰기를 통해 만난 세상은 알게 모르게 나의 일상을 변화시켰다. 블로그에 글을 쓰며 브런치 스토리에서는 자연과 사물이 들려주는 이야기를 시작했다. 정말 다양한 빛깔의 이웃들과 소통하는 것이 생활인으로서 빼놓을 수 없는 즐거움이 되었다. 이런 발걸음은 점점 나를 에세이 작가의 길로 이끌었다. 고작 어머니의 글이나 베끼던 소년은 얼떨결에 글짓기에서 장원을 차지하는 행운을 얻었다. 그 씨앗은 자라서 이제는 글로 다른 사람들에게 즐거움과 위로가 되는 한 그루 나무가 되기를 원한다. 나를 찾아오는 이들에게 시원한 그늘이 되어주기도 하고, 때로는 달콤한 열매를 나눠주며 기쁨을 나누기를 소망한다.

글쓰기를 하면서 나의 마음이 안정되니 세상이 달리 보이기 시작했다. 직장에서 조직을 잃고 무기력했던 나의 마음은 어느새 새로운 방향으로 움직이기 시작했다. MBA에서 학업을 시작했고 코칭 분야에 빠져 들었다. 리더 생활을 하던 당시 가장 아쉬웠던 것은 바로 나와 구성원들의 조직 내에서의 성장에 대한 갈증이었다. 무작정 외부에서 배움을 찾아 헤맸다. 하지만 '모든 사람에게는 무한한 가능성이 있고, 해

답은 그 사람 내부에 있다'라고 하는 코칭 철학을 접하는 순간 망치로 한 대 얻어맞은 느낌이었다. 그토록 찾아 헤매던 성장의 해답이 내 안에 있다니! 코칭 철학이 나의 발걸음을 멈추게 했다. 성장의 출발점은 바로 나 자신이었다.

나와 사람들이 함께 성장하는 코치가 되기로 결심했다. 직장에서 리더로서 구성원들의 성장을 돕고 싶었지만 조직 변화로 얼어붙었던 내 심장이 다시 뛰기 시작했다. 사람의 마음을 세심하게 헤아리며 그가 망설이지 않고 성장할 수 있게 도움을 주는 코치로서의 삶으로 나아가 본다. 나는 코치로서 나의 역할을 충실히 해낼 것이며, 그 과정에서 내가 만난 사람들이 숨겨진 가능성을 발견하며 성장하게 될 것이다.

아득한 기억, 평생을 잊고 살았던 기억의 단서가 새로운 길로 나를 이끈다. 숨어있던 수줍은 꿈이 다시 싹을 틔우며 가지를 뻗고 있다. 그 끝이 어디로 향하고 있는지 아직은 잘 모르겠다. 내 인생의 변곡점은 지나간 과거의 어느 지점이 아니라, 새로운 일상을 찾아가고 있는 바로 지금 여기! 이 순간일 것이다. 잊혔던 나와 현재의 내가 만나 글이라는 놀랍고도 멋진 도구로 미래를 조각해 나갈 것이다. 그 여정에 당신이 함께해 준다면 나는 더 든든하고 충만할 것이다.

에필로그

　어린 시절 줄곧 뛰어놀기 좋아하고 어머니의 글을 베껴 쓰던 그 아이는 한순간에 나를 글쓰기의 세계로 이끌었다. 어린 시절 순수했던 마음으로 글을 써 내려간다. 나는 날마다 기억의 보물 창고에서 소중한 나의 돌을 하나씩 꺼내고 있다. 빛깔도 모양도 제각각인 소중한 나의 돌들. 그 돌멩이들은 내 기억 속에 숨죽여 있던 마음의 소리이자 나의 소망들이다. 그 보물들을 살며시 꺼내 이웃들에게 선보일 날을 기대하고 있다. 오늘 아침, 유년 시절의 그날처럼 따스하고 다정한 햇살이 내 옷깃에 닿아 조용히 스며든다.

여기는 지구 글쟁이, 응답하라 나의 별!

도란도란

| 프롤로그

| 1장   지구 정착기1 - 책을 만나다

| 2장   지구 정착기2 - 생을 만나다

| 3장   지구 정착기3 - 길을 만나다

| 4장   지구 정착기4 - 글을 만나다

| 에필로그

프롤로그

"여기는 지구! 여기는 지구! 응답하라."

지구 나이로 여섯 살, 나는 다른 별에서 온 외계인이었다. 나의 일과는 아지트에서 우리 별과 교신하는 방법을 찾는 것이었다. 거울이 깨진 파우더 팩트가 교신기였다. 매일매일 우리 별로 메시지를 보냈지만, 끝끝내 무응답이었다.

나는 어느 순간 우리 별에서 벗어났고 지구에 불시착했다. 내가 불시착한 곳은 강원도와 맞닿은 경기도의 끝, 한겨울이 오지게 추웠던 곳이다. 지구에서 마련한 첫 아지트는 '비닐하우스'였다. 최초의 기억이 시작된 곳인데, 이 별에 불시착한 순간의 기억은 남아 있지 않다.

마당이 넓은 집이었고 앞마당에 비닐하우스가 있었다. 나의 지구 아버지는 그 안에 열대 과일인 바나나와 파인애플을 심었다. 한여름에도 열매 맺지 못하는 파인애플과 익지 않는 초록 바나나를 보며 나의 별에 메시지를 보냈다.

'나는 왜 지구로 온 것인가?'
'왜 인간의 몸으로 살아야 하는가?'

내가 지구에 온 이유를 알 수 없어 답답했고, 나의 본래 모습이 아닌 인간의 몸으로 존재하는 게 불가사의였다. '진짜 나'를 찾아야 했다. 지구에 머무는 동안 우리 별에 계속 메시지를 보내며 내가 이곳에 온 이유를 찾기로 했다.

| 1장

지구 정착기 1 - 책을 만나다

　아홉 살, 예기치 않게 이사를 했다. 나의 첫 아지트인 '비닐하우스'를 잃었다. 우리 별에 메시지를 보낼 장소가 필요했고, 마침 이사한 집에 다락방이 있었다. 삼각형 모양의 낮은 다락엔 등이 없었고 작은 창으로 들어오는 빛이 다였다. 나는 그곳에 웅크리고 앉아 많은 시간을 보냈다. '다락방'은 나의 두 번째 아지트가 되었다.

　다락방에서 혼자 있는 게 좋았고 나만의 세계를 만들었다. 작은 창 앞의 앉은뱅이책상에 앉아 글을 썼다. 작은 창으로 기어이 비집고 들어오는 온순한 빛, 연필이 종이와 만나 속삭이는 사각사각 소리, 나는 그것들이 좋았다. 마치 우리 별에서 내게 보내는 빛과 소리 같았다. 이 빛과 소리의 암호를 모두 풀어내면 우리 별로 돌아가는 방법을 알 수 있을 것 같았다. 나는 연필과 함께 글 위를 사뿐사뿐 걸었다. 글로 '나만의 세계'를 만들어갔다.

　나는 '나만의 세계'가 멋졌고 머릿속에 떠오르는 것들을 신나서 친구들에게 이야기했다.

"나 사실 외계인이다! 우리 별은 아주 멀리 있어."

친구들은 이렇게 답했다.

"넌 왜 그런 생각을 하는 거야?"

이상하다는 말을 들었다. 나의 별로 돌아가고 싶었다. 내가 만든 세계를 지키기 위해선 담이 필요했다. 세 번째 아지트가 필요했고 마음에 담을 쌓기로 했다. 나는 담 안에서 세상을 빼꼼 내다보는 아이가 되었다. 더는 내 이야기를 밖으로 꺼내지 않았다. 내가 다른 별에서 온 외계인이란 걸 지구인에게 들킬 순 없었다.

내 마음의 문만 닫으면 그만이었다. 이상한 아이가 되지 않고 조용한 아이로 살기로 했다. 그러나 문득문득 튀어나오는 말이나 행동까지 감출 수는 없었다. 급기야 지구인들은 나를 '돌+아이'라고 불렀다. 지구 나이로 열 살 무렵부터 나의 별명은 줄곧 '돌+아이'였다. 괜찮았다. 지구인이 아닌 나로서는 어쩔 수 없는 일이었기에.

지구에 정착하지 못하고 부유하던 나를 잡아끈 건 책이었다. 병약했던 지구의 엄마는 병원에 있을 때가 더 많았다. 하지만 한 달에 한 번은 잊지 않고 나에게 오천 원을 줬다. 서점에 가서 보고 싶은 책을 사보라고 했다. 난 서점 가는 날을 제일 좋아했다. 책을 한 권밖에 살 수 없는 돈이었지만 그래서 더 좋았다. 오랫동안 책을 고르는 시간이 행복했기 때문이다. 동네 작은 서점에서 나는 종일 책을 보았다.

고민 끝에 내가 골랐던 건 항상 공포 시리즈와 월간지 만화책이었다. 무슨 책을 사건 지구의 엄마는 아무 말도 하지 않았다. 나는 책의 세계를 자유롭게 유영했다. 책은 그 자체로 또 하나의 세계였다. 책을 읽으며 나는 생각했다. 나처럼 지구에 정착하지 못해 부유하는 외계 종족들, 그들이 만들어낸 또 다른 세계가 바로 책일 거라고.

지구의 엄마는 재래식 화장실에서 너무 오래 책을 읽는 나를 혼냈다. 나는 화장실만 들어가면 나오지를 않았다. 결국 변비에 걸렸다. 좌약을 넣어주며 엉덩이를 찰싹 때리고는 엄마가 말했다.

"너 계속 이러면 책 살 돈 안 준다."

무시무시한 말이었다. 책을 못 산다는 으름장에 나는 쏠쏠한 재미를 놓을 수밖에 없었다. 재래식 화장실에서 읽는 공포 시리즈는 마음을 쫄깃쫄깃하게 조여 왔다. 코를 자극하는 구릿한 냄새와 주황색 알전구 불빛 아래에서 공포물 읽는 재미는 느껴본 자만 안다. 변비의 고통이 내 어린 날의 즐거움을 앗아가는 순간이었다.

그때였다. 나의 세 번째 아지트인 마음의 담 안에서 메시지 하나가 도착했다.

'변비가 걸릴 만큼, 구릿한 냄새도 즐길 만큼, 네가 좋아하는 일을 해봐.'

| 2장

지구 정착기 2 – 생을 만나다

나는 지구에 불시착한 직후부터 인간의 생명이 유한하다는 걸 이미 알고 있었다. 인간은 거대한 이 세상에서 잠시 스쳐 지나가는 존재일 뿐이다. 지구인도 아닌 나는 지구에 애착이 없었다. 하루의 끝에 눈을 감으면 우리 별로 돌아가는 상상을 했다. '아무것도 아닌 나'로 돌아가고 싶었다. 언제라도 떠날 세상에서 아등바등하며 살고 싶지 않았다. 어차피 사라질 인간의 몸으로 나는 하고 싶은 것이 없었다. 세상사의 모든 것이 덧없고 일시적일 뿐이었다.

화가 폴 고갱이 삶과 죽음에 대해 고뇌하며 그린 유명한 작품이 있다. 인간의 탄생에서 죽음까지의 과정을 묘사한 그의 그림을 보며, 나와 같은 고민을 하던 자가 나보다 두 세기 전에 지구에 머물다 갔다는 걸 알았다. 그는 심각한 우울증을 겪으며 자살을 기도했지만, 생의 끝은 심장마비였다. 그가 남긴 그림의 제목은 내가 알고 싶은 것과 정확히 일치했다.

〈우리는 어디서 왔는가? 우리는 무엇인가? 우리는 어디로 가는

가?〉

　나의 존재에 대한 거듭된 고민은 결국 마음의 병으로 이어졌다. 지독한 우울증이었다. 인간의 삶은 희로애락이 적절히 섞여 있어야 하는데 나의 10대는 노여움과 슬픔만이 버무려진 듯했다. 마음의 병에 더불어 삶의 고난들도 몰아치듯 연이어졌다. 한밤중에도 새벽에도 밖으로 뛰쳐나가 달리지 않으면 미쳐버릴 것 같았다. 잠들 수 없었고 가슴은 답답했다. 책과 그림이 얼마간 나를 지구의 중심으로 잡아끌었지만 오래 가진 못했다. 나는 여전히 지구에 정착하지 못하고 부유했다.

　아무런 기대가 없는 생의 끝은 죽음밖에 없다. 지구에서의 생을 열아홉에서 멈추기로 했다. 인간의 스무 살 따위는 기대되지 않았다. 열아홉은 인간의 나이로 요절이었고 내가 선택한 죽음의 방식은 자살이었다. 지구인인 내 몸을 세상에 남기고 싶지 않았다. 장마철이었고 지천이 물이었다. 세상에서 흔적 없이 사라지리라 결심했다. 죽음은 끝이 아니라 '아무것도 아니었던 원래의 나'로 돌아가는 일이었다.

　칠흑같이 어두운 밤, 세상에 깨어있는 건 나와 비바람 그리고 범람의 기회를 노리는 하천뿐이었다. 조용히 집을 나와 어두운 하천길을 걸었다. 이따금 번쩍이는 번개는 죽음으로 가는 길을 훤히 밝혀주는 듯했고 이어지는 천둥은 어서 가라 나를 재촉하는 채찍 같았다. 하나도 무섭지 않았다. 그토록 원하던 나의 고향 별로 돌아가는 길, 빗물인지 눈물인지 모를 차갑고도 뜨거운 무언가가 끊임없이 볼을 타고 흘렀다.

　다리 난간 위에 올라섰다. 눈을 크게 뜨고 아래를 바라보았다. 범람

하기 직전의 검은 물은 언제라도 나를 집어삼킬 듯했고 비바람은 어서 네 몸을 던지라고 뒤에서 떠밀었다. 다리 위에 선 나는 온몸을 바들바들 떨었다. 발바닥은 미끄러웠고 까딱 잘못하면 앞으로 고꾸라질 듯했다. 죽음의 손길이 코앞까지 다가왔을 때, 나를 잡아채는 또 다른 존재가 느껴졌다. 나의 마지막을 바라보던 '미래의 나'였다. 나는 내 안에 존재하는 또 다른 나의 목소리에 귀를 기울였다.

"부디 스스로 생을 포기하진 마. 지금의 순간을 견뎌내어 미래의 나를 꼭 만나러 와."

내가 죽음을 선택하면 만나지 못할 '미래의 나'가 순간의 일렁임과 무너짐을 막아섰다. 죽음 앞에 서기까지 나에게 삶은 아무 의미가 없었고 고통스럽기만 했다. 살기로 마음을 바꾼 순간, 고통은 일순간에 사라졌다. 나 자신을 구원할 수 있는 건 오직 나뿐이었다.

열다섯 살에 만났던 책이 있다. 포리스터 카터의 『내 영혼이 따뜻했던 날들』이다. 이 책을 읽으며 나의 안에는 두 개의 마음이 있다는 걸 알았다.

"인디언들은 '몸의 마음'을 잠재우고, 대신 몸 바깥으로 빠져나간 '영혼의 마음'으로 고통을 바라본다. 그들은 몸이 아닌 영혼으로 고통을 바라본다."

죽음 앞에선 나는 '몸의 마음'을 잠재우고 '영혼의 마음'을 느꼈다. 영혼의 마음 안에 존재하던 미래의 나가 나를 일깨웠다. 내가 처음으로 가엾다 느꼈다. 죽음이 두려웠다. 내 존재가 지구에서 사라지는 것을 멈춰야 했다. 죽음에서 바라보는 삶은 삶에서 바라보는 죽음보다 아름다웠다. 그날 나는 죽음 앞에 서서 생을 보았다. 비로소 나는 생을 만났다.

3장

지구 정착기 3 - 길을 만나다

"우리는 어디로 가는가?"

화가 폴 고갱의 마지막 질문, 생을 선택한 나에게 남겨진 질문도 이와 같았다. 살기로 한 나는 어디론가 가야 했다. 삶의 가장 어두운 터널을 지나온 나에게 삶의 길은 여전히 막막했고 앞날은 어두웠다. 생의 길 위에 다시 섰지만 어디로 가야 할지 몰라 나는 다시 방황했다.

10대의 난 무기력했고 부유하는 존재로서의 고민과 죽음의 기운은 쉬이 날 떠나지 않았다. 노력과 도전이라는 지구인들의 삶의 가치는 중요하지 않았고, 언제라도 끝나면 그만인 삶이었다. 당시에 내가 쓰던 글에는 죽음이 도사리고 있었고 죽음의 주인공은 나였다. 나는 나를 땅속에 묻기도 하고 물에도 빠뜨렸다. 때론 높은 곳에서 뛰어내리게 했고 약을 먹이기도 했다. 다양한 방법의 죽음을 글로 옮겼고, 그 방법들을 그대로 시도했다. 땅속은 어두웠고 물속은 추웠으며 높은 곳은 뛰어내리기 직전의 공포가 어마어마했다.

죽음으로 점철된 10대의 글을 좋게 보는 사람은 없었다. 백일장이나 공모전에서 내가 받는 상은 항상 장려상이었다. 지구인들은 나의 글쓰기 실력을 딱 '장려'할 만한 수준이라고 단정했다. 억울했지만 어쩔 수 없었다. 나 또한 스스로 한계 지었고 포기하고 싶었다. 글을 쓰지 않겠다 할 때마다 나를 다독여주는 이가 있었다. 국어 선생님이었다.

"도란도란, 나는 네가 글을 계속 썼으면 좋겠어!"

국어 선생님은 내 글을 좋아해 준 첫 지구인이었다. 좋은 책을 계속 건네주었고 삶의 고민을 얘기하면 자신의 시를 보내주었다. 선생님의 시에는 메시지가 담겨 있었다.

'언제나 삶의 답은 네 안에 있단다. 힘겨울 때마다 네 마음을 들여다보렴.'

선생님의 메시지를 읽는 순간, 의문이 하나하나 풀리기 시작했다. 내가 지구에 불시착한 이유, 내가 인간으로 존재해야 하는 이유, 내가 어디로 가야 하는지, 그 모든 답은 밖에 있지 않았다. 답은 내 안에 이미 있었다. 나의 세 번째 아지트인 마음의 담 어딘가에 답이 숨어있었다.

숨겨진 답을 찾기 위해 마음을 모두 쏟아내야 했다. 나의 마음을 글에 실었다. 그러나 지구에서 작가가 되는 일은 쉽지 않았다. 그 후로도 나의 글들은 수많은 공모전에서 떨어졌다. 지구인들의 문학 수준은 꽤 높았다. 설령설령 글을 써선 절대 책을 낼 수 없었다. 오기가 생겼다.

내 반드시 지구인들의 인정을 받으리라 다짐했다.

"언제까지 떨어지나, 두고 보자!"

공모전의 긴 침묵에 지쳐갈 때쯤, 나는 운명처럼 시바타 도요 할머니를 만났다. 시바타 도요 할머니는 99세에 등단한 시인이다. 당신의 장례에 쓰려고 모아둔 돈으로 시집을 출간했다. 할머니 생전의 꿈이 자신의 책이 번역되어 전 세계 사람들에게 읽히는 것이었다. 할머니의 꿈은 이루어졌고 시집은 전 세계 각국에 번역되었다.

나이는 점점 먹고 실패는 쌓여가고 이대로 꿈만 꾸어도 될까 고민이 깊을 때, 할머니의 시가 파랑새처럼 나에게 다가왔다. 할머니의 시 「너에게」를 읽고 또 읽었다.

〈못한다고/ 주눅 들지 마/ 나도 아흔여섯 해 동안/ 못한 일들이 산더미야 (중략)/ 하지만 노력은 했어/ 있는 힘껏/ 자, 일어서서/ 다시 해 보는 거야〉

시바타 도요 할머니가 내 옆에서 다정하게 주눅 들지 말라고 말해주었다. 일어서서 다시 해 보라고 용기를 주었다. 난 '있는 힘껏' 다시 도전하기로 마음먹었다. 시바타 도요 할머니는 이 시집의 마지막에서 인생에 대해 이렇게 전했다.

"인생이란 언제라도 지금부터야. 누구에게나 아침은 반드시 찾아온다."

인생은 언제라도 다시 시작할 수 있다. 시바타 도요 할머니가 99세에도 꿈을 놓지 않았던 것처럼. 마음의 담 안에서 내게 보냈던 오래된 메시지가 다시 떠올랐다.

'변비가 걸릴 만큼, 구릿한 냄새도 즐길 만큼, 네가 좋아하는 일을 해봐.'

내가 좋아하는 일이 나의 가야 할 길이었다. 지금부터 내가 해야 할 일은 그 길의 끝까지 가는 것이다. 결국 좋아하는 일과 내가 하나가 되는 일, 나의 존재 이유는 그곳에 있었다.

| 4장

지구 정착기 4 - 글을 만나다

나의 지구인 친구들은 나를 만나면 묻는다.

"도란도란, 넌 왜 일을 안 하니?"

"나도 하는 일이 있어. 난 모든 시간, 글감을 모으고 있어."

"그건 노는 거잖아. 돈을 벌어야지."

나는 꿀 먹은 벙어리가 되고 만다. 돈도 되지 않는 글을 쓰며 노는 것, 글쓰기가 그들에게는 무용한 일이었다. 나의 답은 따로 있었다. 내 뱉지 못한 말이다.

"세상이 온통 잿빛이야. 나는 글을 써서 세상을 다양한 빛깔로 물들일 거야."

이런 답을 하면 다음에 이어지는 말은 십중팔구 "팔자 좋다." 아니면 "넌 이상해."다. 내 마음의 담 안에 있는 이야기를 고스란히 말로 옮기면 좋은 소리 못 듣는다. 그러나 글로 쓰면 이야기는 달라졌다. 내 마음의 소리를 글로 그대로 옮길 수 있는 네 번째 아지트를 찾았다. 바로 '블로그'였다.

 국어 선생님이 그랬듯, 블로그에서도 나의 글을 알아보는 지구인이 있었다. 조용한 나의 블로그 글에 수년간 유일하게 댓글을 달아주었던 분이 있다. 동화작가 이영 선생님이다. 선생님은 내게 '동화'라는 아름다운 장르의 글을 가르쳐 준 분이다.

 '책 많이 읽고 계속 쓰는 사람, 아무도 못 당한다. 도란도란은 언젠가 대형 사고 칠 거야. 내 촉은 못 당한다. 그날을 기대한다.'

 선생님은 내가 쓴 글을 매번 읽어주고 응원해 주었다. 산사의 종소리 같은 울림을 가진 글로 늘 삶을 일깨워 준다고 말해 주었다. 나조차 기대하지 않은 내 글은 선생님의 '기대'에 끈기로 응답하기 시작했다. 글을 부단히 쓰기로 했다. 나의 글을 알아보는 또 다른 지구인, 선생님의 촉이 틀리지 않았음을 증명하고 싶었다.

 나는 글이 가진 마법 같은 힘을 믿는다. 그 힘은 마음의 담 안에 숨어있던 나를 세상 밖으로 나오게 했다. 나의 이야기를 꺼내게 했고 '고통의 바다'에서 헤맨 지난날을 치유해 주었다. 마음의 담 안에 쌓여있던 이야기를 하나하나 꺼내면서 글 속에 존재하는 나의 말간 모습들이 나타났다. '진짜 나'는 글에 있었다. 내 삶은 책과 사람이 함께하며 늘 글이 흐르는 삶이었다.

우리 별로 돌아가 '아무것도 아닌 원래의 나'로 돌아가고 싶다고 했던 나는 진정한 내가 아니었다. 나는 '아무것도 아닌 나'가 가장 두려웠다. 나는 의미 있는 존재가 되고 싶다. 세상에서 단 하나뿐인 존재가 되어 기억되고 싶다. 인간의 생은 끝이 있고 결국 별 먼지가 되어 고향으로 돌아가야 하겠지만 글만은 나를 의미 있는 존재로 만들어 주었다. '우리는 어디서 왔는가? 우리는 무엇인가? 우리는 어디로 가는가?'에 대한 나만의 답을 찾았다. 내가 하나가 되고 싶은 일은 글 쓰는 일이다.

'나는 글이다. 글이 곧 나다.'

에필로그

별을 쳐다보면
가고 싶다

어두워야 빛나는
그 별에
셋방을 하나 얻고 싶다

- 안도현 「별」

　자기만의 별 하나쯤 품고 살았던 시절이 있는가? 나는 나의 고향이 밤하늘의 별 중 하나라 믿었다. 별은 아주 머나먼 곳에서 빛을 보내 네 고향을 잊지 말라고 메시지를 전하는 것 같았다. 밤하늘의 빛나는 수많은 별을 보며 고향을 그리워했다. 별은 지구에서 생이 다하면 돌아가야 할 내 근원의 고향이다.

　나는 글을 쓰는 순간 비로소 나의 별과 연결되었다. 별이 들려주는 이야기들을 손으로 옮기는 일, 지구에서 내게 주어진 일은 글쓰기였다. 나의 존재는 글을 통해서 가장 나다울 수 있었다. 나의 지구 정착기는 아직 끝나지 않았다. 나는 여전히 부유 중이고 이야기는 계속될 것이다.

칼 세이건은 그의 저서 『코스모스』를 부인 앤에게 바치며 말했다.

"광대한 우주, 그리고 무한한 시간, 이 속에서 같은 행성, 같은 시대를 앤과 함께 살아가는 것을 기뻐하면서."

우주적 시간의 흐름에서 우리는 스쳐 지나가는 인연에 불과할 것이다. 나는 아름다운 지구별에서 '도란도란'이란 이름으로 글 속을 거닐고 있다. 내 안에서 들려오는 우리 별의 메시지를 이번 생의 마지막 날까지 당신에게 '도란도란' 정답게 들려주고 싶다. 이 글을 읽는 당신과 내가 그 어느 별에서 또 다른 무엇이 되어 다시 만날지 아무도 알 수 없다. 나는 지금, 이 순간 당신과 같은 시대를 살아가는 것만으로 기쁘다. 살아있음은 기쁜 일이다.

또한, 나의 별을 향한 나의 교신은 영원히 멈추지 않을 것이다.

"여기는 지구! 여기는 지구! 응답하라. 나의 별!"

사 랑

엄마의 사랑은 반지를 타고

나르샤킴

| 프롤로그
| 1장 엄마와 영원한 이별
| 2장 치유 수업
| 3장 가장 행복했던 시절
| 4장 자랑스러운 딸
| 5장 부모가 처음이라
| 에필로그

| 프롤로그

　엄마가 끼셨던 노란 금반지 여기저기에는 흠집이 있다. 그 흠집은 뒤뜰에 묻어놓은 장독대에 장이 익듯 당신의 슬픔과 쓸쓸함이 농익어 있다. 난 엄마 생각이 날 때마다 흠난 노란 반지를 끼어 본다.

　엄마의 반지에는 유년의 내가 있고, 읍내에서 장을 보고 동구 밖에서 걸어오시던 엄마의 얼굴이 있다. 엄마의 왼손 약지에 끼었던 노란 반지는 엄마의 고단한 삶을 지탱하는 힘이었다. 그 반지가 지금 내 마음 깊숙한 곳을 감싼다. 엄마의 부드러운 숨결이 들린다. 따뜻하고 정이 많았던 엄마의 가냘픈 목소리가 들린다. 그리운 나의 엄마.

　인정이 많았던 엄마는 사람들에게 친절하셨다. 우리 집 마당은 동네 사람들의 놀이터였다. 추어탕을 끓인다든지 음식을 만들면서 나누는 대화로 시끌벅적했다. 정성껏 만든 음식을 나누어 먹으면 웃음보따리가 절로 터져 나왔다. 마을 사람들의 정겨운 이야기는 신나는 음악이 되어 동네로 퍼져나갔다. 나는 보름달처럼 풍성하고 둥근 세상을 보며 자랐고, 둥근 마음을 키워 나갔다.

　열여섯의 앳된 엄마는 장손인 아버지에게 시집와 일 년에 열두 번 제사를 모셨다. 힘든 삶 속에서도 자식들을 믿고 기다려주었고 사랑을 주는 일에 소홀하지 않았다.

그토록 어질고 정 많은 엄마가 어느 날 홀연히 천상으로 떠났다. 늘 곁에 있어 줄 것만 같던 엄마가 한마디 말도 없이 내 곁을 떠나시다니, 갑작스러운 엄마와의 이별은 내 삶을 송두리째 흔들었다. 삶의 무의미와 공허가 몰려왔다. 너무나도 허황하게 떠난 엄마의 고단하고 가여운 삶이 나의 마음 깊은 곳을 아프게 찔러왔다.

다행히도 엄마의 체취가 남아 있는, 엄마의 삶이 고스란히 담겨 있는 반지가 내 곁에 남아 있다. 반지를 끼고 가만히 눈을 감으면 어느새 엄마는 내 귀에 속삭인다.

"슬퍼하지 마라. 엄마는 항상 네 곁에 있다. 내가 너를 지켜줄게."

엄마는 떠났지만, 엄마의 사랑은 반지를 타고 내 마음에 흐른다. 사람은 가도 사랑은 멈추지 않고 흐른다.

1장

엄마와 영원한 이별

　곱게 든 단풍잎이 떨어지던 어느 늦가을, 사촌 여동생의 결혼식 날이었다. 일찍 돌아가신 작은엄마를 대신해 엄마가 작은아버지와 함께 혼주석에 앉기로 했다. 갑자기 쌀쌀해진 날씨에도 엄마는 준비해 둔 한복을 곱게 차려입었다. 고운 모습으로 떠나고 싶으셨을까? 결혼식장으로 가는 도중 엄마는 맥없이 쓰러졌다. 내 아이에게 선물로 주려던 '물고기 인형'만은 손에 꼭 쥔 채 엄마는 답이 없었다. 순식간에 찾아온 뇌경색은 엄마를 다시 이 세상으로 돌려보내지 않았다. 깨어나기를 애타게 기다리는 가족들에게 엄마는 단 한마디 말이 없었다. 그렇게 나의 엄마는 영원히 오지 못할 먼 곳으로 떠났다.

　엄마의 장례식날은 눈부시게 맑았다. 나는 검은색 저고리와 치마로 된 한복을 입었다. 아버지는 슬픔을 애써 삼키며 엄마의 마지막 가는 길을 위해 정성을 다했다. 장남인 아버지는 풍경이 시원하게 내려다보이는 양지바른 곳에 아버지와 엄마의 가묘를 준비해 두었다. 엄마가 좋아하는 배롱나무와 밤나무가 산소 주위를 감싸고 있었다.

산소로 가는 길은 두 갈래였다. 하나는 가축을 키우는 농장주의 앞마당을 지나는 넓은 길이었고, 다른 하나는 작은 언덕을 넘는 길이었다. 평탄한 농장주의 앞마당은 굳게 닫혀 있었고 상여는 어쩔 수 없이 언덕을 넘어갔다.

"오늘 같은 날 와 농장 문이 닫힌노?" 상여꾼들의 볼멘소리가 들렸다.

경사가 심한 언덕길을 상여꾼들은 연신 미끄러지며 가다가 멈추기를 반복했다. 마치 엄마가 그곳을 가기 싫어 몸부림치는 것 같았다. 나도 엄마가 그곳을 영원히 가지 않았으면 좋겠다고 생각했다. 나의 간절함에도 아랑곳하지 않고 사람들은 엄마와 나를 떼어놓았다. 손에 닿을 곳에 엄마는 있었지만, 이승과 저승의 거리는 멀고도 멀었다.

"엄마~ 엄마~ 이렇게 가면 나는 어떡하라고. 이렇게 가면 어떡해? 엄마~"

내 나이 서른다섯 10월의 마지막 날이었다. 나의 울음소리는 하늘을 가르고 땅을 울렸다. 끝없이 흘러내리는 눈물을 멈출 수 없었다. 차가운 땅에 엄마를 홀로 두고 돌아서는 길, 어디선가 노란 나비 한 마리가 날아와 산소 주변을 맴돌았다. 엄마가 평소 좋아하던 배롱나무가 말없이 나비와 나를 내려다보고 있었다. 매년 이맘때 흥얼거리던 이용의 '잊혀진 계절'이 들리는 듯했다.

"지금도 기억하고 있어요. 10월의 마지막 밤을~~~"

난 그때까지 죽음이라는 걸 몰랐다. 엄마가 내 곁을 떠난다는 걸 꿈에도 생각해 본 적이 없었다. 믿기지 않았고 숨조차 쉴 수가 없었다. 나에게 엄마는 하늘이고 천사고 든든한 후원자이며 영원한 사랑이었다.

화목하던 가정에 갑작스레 찾아온 엄마의 빈 자리는 너무나 컸다. 엄마가 극진히 아끼고 사랑했던 막내의 슬퍼하는 모습을 보는 건 내가 겪는 아픔보다도 더 컸다. 엄마를 대신할 누나의 자리는 보잘것없었다. 그럴수록 엄마의 빈자리는 크게만 보였다. 길을 가다가도 밥을 먹다가도 내 머릿속엔 온통 엄마 생각밖에 없었다. 엄마로부터 독립되지 않은 아이 같은 어른이었다. 자식 사랑이 유별난 엄마 덕택에 슬픔 또한 몇 곱절로 다가왔다.

세상이 온통 슬픔뿐이던 어느 날 엄마가 꿈속에 나타났다. 부드러운 미소만 보일 뿐 아무 말이 없었다. 무슨 말을 하고 싶은 걸까? 꿈을 깨고 나서도 엄마의 부드러운 미소는 한동안 나를 달랬다. 갑자기 정신이 들었다. 슬퍼하고만 있을 게 아니라 엄마가 내게 주신 사랑을 가족에게 온전히 전해야겠다는 생각이 들었다. 그동안 못다 한 엄마에 대한 그리움이 시가 되어 나왔다.

〈사모곡〉

그때는 몰랐습니다.
엄마는 사랑을 주기만 하는 사람인 줄 알았습니다.
엄마는 끝도 없이 주는 게 당연한 줄 알았습니다.

그때는 몰랐습니다.
엄마가 힘들어하시는 걸 눈치채지 못했습니다.
엄마가 가끔 내쉬던 숨, 그게 한숨이었다는 걸요.

그때는 몰랐습니다.
엄마는 평생 건강하신 분인 줄 알았습니다.
엄마가 아버지보고 키만 컸지, 실속이 없다고 한 말의 뜻을요.

그때는 몰랐습니다.
엄마를 못 본다는 게 얼마나 가슴 아픈 일인지요.
나는 받을 줄만 아는 철부지였다는 걸요.

그때는 몰랐습니다.
엄마는 평생 제 곁에 계실 줄만 알았습니다.

'엄마 사랑합니다. 너무나도 그립습니다. 저를 낳아주셔서 감사합니다. 부디 그곳에서 행복하세요. 당신을, 당신의 삶을 모두 꼭 안아드립니다. 잘 가요 엄마!'

2장

치유 수업

엄마가 떠나신 후 집안 곳곳에 남겨진 흔적들, 익숙한 소리와 향기, 그리움으로 가득 찬 기억들이 나를 울렸다. 어디선가 나타날 것 같은 착각 속에서 애써 엄마의 부재를 인정하지 않으려 했다. 그러나 시간이 지나면서 부재가 분명해지고 마침내 엄마의 부재를 받아들이고 있었다.

나에게는 비구니스님이 된 고등학교 친구가 있다. 엄마의 안타까운 소식을 들은 스님에게서 연락이 왔다. 수줍음이 많았던 친구는 유달리 배구를 잘했다. 고등학교 반별 배구 시합 때 남학생들도 친구의 공을 받지 못할 정도였다. 조용하게 직장생활을 하던 친구가 이십 대 마지막 해에 머리를 깎고 스님이 되어 나를 놀라게 했다. 왜 스님이 되었는지 물어보지 않았다. 다만 지금은 이름 대신 법명을 부른다.

스님이 된 후 소식이 뜸했지만, 연락을 받고는 반가운 마음에 충청도까지 한달음에 달려갔다. 오랜만에 보는 삭발削髮과 승복이 바람에 하늘거리는 모습을 보니 조지훈의 시 승무僧舞가 떠올랐다.

얇은 사紗 하이얀 고깔은
고이 접어서 나빌레라
파르라니 깎은 머리
박사薄紗 고깔에 감추오고
두 볼에 흐르는 빛이
정작으로 고와서 서러워라

"많이 서운하지"

 스님은 차분한 목소리와 미소로 반가움을 표현하며 내 손을 꼭 잡았다. 따뜻한 손을 잡으니, 별을 보며 이야기 나누던 고등학생 시절로 시간여행을 간 듯했다. 스님이 직접 우린 차를 앞에 두고 마주 앉았다. 고개를 끄덕이며 이야기를 들어주는 모습이 마치 엄마를 보는 것처럼 편안했다. 스님의 맑은 목소리는 내 마음을 안아주고 쓰다듬어 주었다. 엄마의 극락왕생을 위한 기도가 밤새도록 이어졌다.

 스님과의 만남으로 마음이 안정되어 갈 무렵 남편이 손편지를 건네주었다. 마음을 담아 꾹꾹 눌러쓴 위로의 편지가 나를 울렸다. 그동안 안정되지 못한 마음으로 남편을 힘들게 했지만, 그는 변함없는 마음으로 토닥여주었다. 생일이 사월 초파일이라 '생불' 별명을 가진 남편이 부처님의 마음을 가졌다고 느꼈다.

 "장모님이 착하게 사셨으니 좋은 곳으로 가셨을 거야. 당신이 슬퍼하는 걸 보면 마음 아파하실 거야"라며 나를 위로해 주었다. 이 세상에 소풍 왔다가 조금 먼저 가셨고 슬픔을 모르는 곳에서 잘 계실 거라고 했다. 손에 난 상처가 조금씩 아물 듯 마음속 아픔도 차츰 아물어갔다.

내 마음이 안정되어 갈 무렵 아버지는 평소처럼 흐트러지지 않는 생활을 했다. 내 아이들 운동회를 보기 위해 아버지가 왔다. 아무것도 모르는 듯 아이들은 운동회에 열중했다. "네 엄마가 있었으면 더 좋았을 텐데…."라고 혼잣말을 하는 아버지의 눈을 바라보며 난 아무 말도 할 수 없었다.

아버지를 만나러 친정에 갈 때는 좋았지만 돌아오는 길에 가슴이 메고 눈시울이 붉어졌다. 아이들에게 "잘 가, 엄마 말 잘 듣고 건강하게 잘 놀아." 하면서 애써 웃음 지었다. 아버지는 속울음을 울지언정 슬픈 내색을 하지 않았다. 우리가 타고 온 차가 사라질 때까지 손을 흔들어주었다. 손 흔드는 그림자도 아버지의 마음처럼 길게 우리를 따라왔다.

아버지와 다르게 막냇동생의 마음을 헤아리는 게 가장 힘들었다. 엄마와의 이별을 인정하지 못하는 동생을 토닥여주고 위로해 주었다. 엄마가 나에게 막냇동생을 잘 챙기라고 말씀하시는 것 같았다. 동생은 평소 엄마가 자주 다니던 절을 찾아 마음을 추스렸다. 어떻게 생활하는 게 엄마가 좋아하실지 생각하며 하루하루 마음을 치유해 갔다.

명절이 되면 산소에 갈 준비물에 박하사탕이 빠지지 않았다. 나는 엄마가 박하사탕을 좋아하는 줄 몰랐는데 막냇동생은 용케도 그걸 알고 있었다. 햇빛에 비친 박하사탕이 엄마 얼굴처럼 하얗게 빛났다. 그 순간 엄마는 내 곁을 떠난 게 아니라 마음속에 살아있음을 알았다. 아픔도 그리움도 시간이 지나면 잊힌다는 걸 깨닫자 내 마음도 제자리를 찾아갔다.

3장

가장 행복했던 시절

아지랑이가 아물아물 피어오르던 어느 봄날, 온 세상이 봄의 기운으로 가득했다. 넓은 들판에 고운 쑥들이 우리를 기다리고 있었다. 유년의 나는 엄마를 따라 들판으로 향했다. 한 걸음 디딜 때마다 잠자리와 나비들은 어깨 위에서 사뿐거렸고 종달새는 창공을 날아다녔다. 내가 쑥을 캘 때마다 "참 잘했어." 말하던 엄마의 목소리가 내 귓가를 쓰다듬었다.

우리 가족은 부모님과 오빠와 여동생, 그리고 막내 남동생. 2남 2녀였다. 막내는 가족의 사랑을 독차지하며 자랐고, 특히 엄마는 막내를 오냐오냐하면서 키웠다. 엄마의 막내 사랑이 유별나 동생에게 여섯 살까지 젖을 먹였다. 막냇동생은 큰누나인 나를 특별히 좋아하고 따랐다.

엄마는 뽀얀 피부와 큰 눈과 긴 눈썹을 가졌다. 엄마의 눈망울이 참 예쁘다고 생각했다. 난 그런 엄마의 얼굴을 닮고 싶었다. 내가 아버지를 닮았다는 어른들의 말에 속이 상하기도 했다. 엄마는 평소 말없이 자식들을 온 정성으로 키우셨다.

 엄마의 큰 눈 속에는 들어 있던 알 수 없는 슬픔을 나중에야 알았다. 나는 기억하지 못하는 나의 작은오빠가 서너 살 되던 해에 사고로 하늘나라로 갔다고 했다. 엄마의 눈가에 촉촉하게 젖은 슬픔은 오빠에 대한 그리움이었고 그 상심을 다 헤아릴 수 없었다.

 엄마는 나를 데리고 시골에 있는 외할머니를 만나러 가는 걸 좋아했다. 사과를 좋아하는 외할머니를 위해 숟가락으로 긁은 사과를 외할머니 입에 넣어 드렸다. 오물오물 외할머니 입이 움직일 때마다 엄마의 입가에 미소가 번졌다. 엄마의 미소가 나한테 전해져 내 입가에도 미소가 지어졌다.

 아버지는 평소 과묵하신 편이었다. 막냇동생이 군대 가던 날 동생을 안아주면서 "건강하게 잘 다녀오너라." 하는 아버지의 눈가에 눈물이 촉촉했다. 무뚝뚝해 보이지만 속이 깊은 아버지와 생활력이 강한 엄마는 장녀인 나를 집안의 든든한 버팀목으로 생각했다. 난 행여나 부모님이 걱정할까 봐 힘든 일이 생겨도 내색하지 않았다.

 결혼 후에도 친정 부모님과 가까운 아파트에 살림을 차렸다. 첫아이를 낳자, 엄마는 나의 몸조리를 해주었다. 당신이 몸조리를 못 해 딸한테만큼은 제대로 해줘야 한다고 생각했는지 나에게 버선을 신기고 손 싸개까지 해주었다. 엄마의 진한 사랑처럼 오랫동안 끓인 미역국을 주면서 "미역국을 먹어야 몸이 빨리 회복되니 따뜻할 때 많이 먹으렴." 하셨다. 서른이 되기 전에 꼭 염소를 먹어야 한다면서 염소탕을 끓여 주셨다.

직장을 다니는 나를 위해 아이 둘을 모두 부모님이 돌봤다. 아버지의 자전거 뒤에는 사랑스러운 외손자가 할아버지 허리를 잡고 즐거운 미소를 짓고 있었다. 아들이 서너 살 되던 어느 날 자전거를 탄 아들의 발목이 자전거 바퀴에 끼이고 말았다. 피가 난 손자의 발을 치료하면서 할아버지가 눈물을 훔치는 모습을 아들은 지금도 기억하고 있다.

언젠가 한 번은 연년생 아이들이 놀다가 집에서 사라지는 일이 있었다. 아무리 찾아도 없자 놀란 엄마는 읍사무소에 실종 신고를 했고 결국 방송을 탔다. 천진스럽게 공중전화 부스 안에서 전화 놀이를 하는 아이들을 발견하고 우린 웃을 수밖에 없었다.

난 직장에서 부모님 댁으로 퇴근해 내 아이들 재롱을 보면서 부모님과 맛있는 저녁을 먹곤 했다. 그날그날 있었던 아이들 이야기를 들려주며 웃음보따리를 풀던 그 시간이 내 인생에서 가장 행복했던 순간이었음을, 세월이 한참 지난 후에야 나는 알았다.

4장

엄마의 자랑스러운 딸

내성적이었던 나의 생활기록부에는 '말이 없으나 맡은 일에 최선을 다하며 성실함'이란 문장이 늘 들어 있었다. 조용한 성격이었던 나는 '빛과 소금', '자율 속의 질서'라는 교육 이념을 가진 사립고등학교로 진학했다. 노란 코르덴 재킷을 입고 검정 고무 신을 신은 교장 선생님은 특유의 제스처로 꿈을 가지라고 강조했다. 영어를 섞어 훈화하는 교장 선생님의 모습이 마치 외국 영화배우처럼 느껴졌다.

해마다 3일간 열리는 예술제에는 북소리와 장구 소리로 시끄러웠다. 연극을 위해 얼굴에 화장한 것을 보고 친구들과 웃다가 선생님께 혼나기도 했다. 강당에서 기타를 치며 '존 덴버'의 '컨트리 로드'를 부르던 멋진 남학생을 한동안 짝사랑했다.

예술제 마지막 날 마라톤의 반환점을 돌아 최종 목적지인 학교 운동장에 겨우 도착한 후 쓰러지고 말았다. 마라톤 후유증으로 며칠간 몸살이 심하게 나서 드러눕고 말았다. 그날의 완주는 세상을 살면서 힘들 때나 괴로울 때 나를 지켜주는 힘이 되어 주었다. 힘들수록 더 힘든 것을 선택하는 용기와 지혜도 얻었다.

　고등학교 3학년 겨울, 많은 눈이 내려 세상이 온통 순백으로 바뀌었다. 그 추운 날, 전교생이 십 리가 넘는 학교 농장으로 토끼몰이하러 갔다. "야~ 이쪽이다, 이쪽으로 뛰어와라." 눈 덮인 산을 이리저리 뛰어다녔다. 낮은 언덕으로 미끄러지면서 눈밭으로 굴러떨어졌다. 온몸이 눈으로 덮여도 아픈 줄도 모르고 친구랑 까르르까르르 웃었다. 눈을 던지면서 눈싸움도 하고 친구 등에 몰래 눈을 넣어 놀리기도 했다. 아무 생각도 없이 눈밭을 뛰놀던 그 순간이 나에겐 천국이었다.
　공부에 지친 학교생활에 힘이 되어 주었던 건 역시 정성이 담긴 엄마의 도시락이었다. 엄마는 저녁마다 사랑이 담긴 따뜻한 도시락을 학교에 가져왔다. 엄마표 도시락을 먹으면서 공부 스트레스를 멀리 날려보냈다.

　고등학교 3학년 때는 기숙사에서 생활했다. 사감 선생님 몰래 무서운 공동묘지를 탐험한 여학생들이 모여 큰소리로 노래했다. 노랫소리는 밤하늘을 흔들었고 달과 함께 깜빡깜빡 별이 졸았다. 행복했던 고등학교 시절은 훗날 교육자가 된 내가 아이들의 꿈과 함께할 수 있도록 큰 영향을 주었다.

　어느덧 예비고사를 치르고 나는 교육대학에 진학했다. 대학에 합격한 나를 엄마는 자랑스럽게 생각하셨다. 교직 과정과 실습을 이수하는 중에도 나를 자랑스럽게 생각하는 엄마의 얼굴이 항상 나를 따랐다. 몸은 떨어져 있어도 엄마는 그림자처럼 늘 나와 함께 있었다.

　첫 발령지에서 만난 천사 같은 아이들과의 교직 생활은 내 인생의 큰 축복이었다. 학교 옆 숲속에서 자연을 벗 삼아 이야기도 나누고 술래잡기도 했다. 아이들과 하나가 되는 순간은 더없이 행복했고, 교정은 넉넉한 사유의 공간이 되었다. 꽃 같은 이십 대, 새내기 교사가 된 나를 엄마는 흐뭇하게 바라보면서 칭찬해 주셨다.

천진난만한 아이들과 동화 같은 삶을 살면서 나에게도 딸, 아들 연년생 천사가 찾아왔다. 나의 아이들도 무럭무럭 잘 자라났고 학교생활도 보람의 연속인 나날이었다. 그러던 어느 날 도심에서 멀지 않은 섬 학교에 근무하는 행운이 찾아왔다. 집에서 차로 30분을 가면 부두가 나타났고, 그곳에서 배로는 지척인 학교였다. 전교생이 11명인 분교는 바다로 둘러싸인 한 폭의 수채화였다. 오르간으로 치는 '섬집아기'를 좋아했던 나는 섬마을 선생님이 되었다.

새벽부터 고기잡이를 나가는 부모를 대신해 여학생들의 머리를 묶어주는 일로 하루를 시작했다. 아이들과 선생님들은 한 가족이나 다름없었고 수업 시간에도 숭어 떼는 힘차게 뛰어올랐다. 봄이 되면 벚꽃이 흐드러졌고 섬은 꽃냄새로 진동했다. 아이들과 나는 동화 속 주인공이 되어 벚꽃을 배경 삼아 사진을 찍었다. 나는 섬 집 아이들의 선생님이자 엄마였다.

5장

부모가 처음이라

엄마가 세상을 떠나신 후 나는 한동안 아무것도 모르는 바보가 되었다. 해마다 단풍이 붉게 물들 때면 나는 '잊혀진 계절', 시월의 마지막 밤을 떠올렸다. 나에게 시월은 잊히지 않는 계절이었고 밀려오는 슬픔은 여전히 나를 괴롭혔다.

내 마음을 추스르지 못해 아이들의 마음을 보듬는데 서툴렀다. 따뜻하게 마음속의 이야기를 나누는 데 소홀했고, 미안한 마음을 물질로 대신했다. 어느 날 아들이 나에게 물었다. "엄마 선생님 그만두면 안 돼요?" 그 순간 나는 느꼈다. 아이들에겐 물질적인 것보다 엄마의 사랑과 시간이 필요했다.

미국에서 공부하고 싶다는 딸의 말에도 귀 기울이지 않았다. 오직 의대 진학만을 요구하며 나의 목소리만 키웠다. 아이들의 작은 소리에도 귀를 열어야 진정한 부모임을 그때는 몰랐다. 아이들은 큰 것을 바라지 않았다. 친구 같은 엄마, 따뜻한 엄마를 원했다. 고맙게도 아이들은 잘 자라주었고 서툰 엄마를 조금씩 이해했다.

이제는 자기의 꿈을 찾아 미국에 머무는 딸과 함께 여행도 한다. 딸은 나를 위해 여행코스도 짰고 맛집 투어도 했다. 나의 서툰 영어와 제스처가 딸을 웃게 했다. 할리우드 거리에서 영화배우처럼 춤을 추며 소리 내어 웃었다.

어느 날 딸이 다가오며 반갑게 말했다.

"엄마! 꿈속에서 외할머니를 만났는데 저를 보고 막 웃고 계셨어요"

외할머니 이야기를 하며 함박웃음 짓는 딸을 보면서, 사람은 떠나가도 사랑의 기억은 그 자리에 남아 지켜준다는 것을 알았다.

요즘 아들과 가족 여행을 가곤 한다. 그동안 서운했던 이야기, 못다 한 대화를 나눈다. "내가 그때 왜 그랬을까?"라는 남편의 말 한마디에 모든 감정이 눈 녹듯이 사라진다. 어느 날 큰 나무 아래서 삼국지를 좋아하는 아들이 도원결의를 하자고 했다.

"우리는 비록 태어난 날은 다르지만, 죽는 날은 함께하리라!

얼굴을 마주 보며 한목소리로 외치며 웃었다. 마음이 하나가 되어 가족이 더 단단해짐을 느꼈다. 부모를 이해해 주는 든든한 아들과 목청껏 노래를 부르기도 한다. 행복해하는 아들의 표정을 보면서 나도 엄마처럼 흐뭇하게 아들을 바라본다. 내 마음속에 엄마가 살아나는 순간, 나도 엄마처럼 아들을 따뜻하게 보듬어 주었다.

부모가 된다는 건 쉽지 않은 일이다. 하지만 확실한 건, 아무리 힘겨워도 사랑은 사랑으로 다시 태어난다는 것이다. 강물이 흐르는 것처럼, 사랑도 흘러감을 이제야 나는 알았다.

⟨사랑하는 아들딸에게⟩

온 세상이 싱그러운 5월 어린이날에 수아는 작고 사랑스러운 모습으로 우리에게 왔었지. 이 세상에 얼른 나오고 싶었는지 머리를 빼꼼 내밀었지. 하지만 세상에 오는 건 쉬운 일이 아니었지. 네 몸이 완전히 빠져나온 건 5월 5일 자정이 조금 지나서였지.

이듬해, 연웅이는 수확의 계절, 가을이 문을 두드리는 9월 어느 날 태어났지. 추석을 며칠 앞두고 태어나 사람들의 풍요로운 축복을 받았지. 너희들을 처음 만나는 그 순간, 너무 신기해서 가슴이 떨렸어. 내가 부모가 된다는 게 실감 나질 않았어. 너희들은 연년생으로 태어나 사람들이 친구 같다고 했어.

아장아장 걸으면서 주위 사람들을 기쁘게 한 너희들은 천사였어. 아름다운 지구별에서 온 어린 공주와 왕자처럼 세상을 아름답게 보고 신기한 것들에 관심이 많았지. 할머니, 할아버지를 따라다니며 그분들의 사랑을 독차지했어. 할머니와 친구분들의 노래잔치에 가서 춤추고 노래를 불렀지. 어쩌면 그때 할머니들 틈에서 이미 리듬의 맛을 알았는지도 몰라.

"삶이 힘들 때는 어떻게 해야 하는지 알아? 계속 헤엄치는 거야.", "이제 놓아줄 시간이야! 다 잘 될 거야." 이 대사는 영화 ⟨니모를 찾아서)에 나오는 말이야. 언젠가는 부모가 자녀를 믿고 혼자 세상을 헤쳐 가도록 놓아주어야 한다는 걸 몰랐어. 너희들을 계속 품속에만 품으려고 했어. 지나고 보니 부모 될 채비가 덜 끝난 너무도 서툰 엄마였어.

부모가 된다는 건 끝없는 배움이라는데, 부모 역할에 부족했음을 인정할게. 시간을 과거로 되돌릴 수 있다면 좋으련만, 인생은 단 한 번만 읽을 수 있는 책과 같아서 이미 지난 일은 되돌릴 수가 없네. 물질보다 감정적 공유가 더 중요하다는 걸 그땐 왜 몰랐을까? 돌이켜보면 엄마, 아빠도 부모가 처음이라 부모로서 잘하고 있다고만 착각했어. 난 너희들 엄마인데도 나의 부모님으로부터 사랑을 받는 데만 익숙했어. 진정한 부모, 진정한 어른이 아니라 무늬만 어른인 '어른아이'였던 거야.

이제 의젓하게 잘 자라 오히려 엄마, 아빠를 걱정하는 너희들이 고맙고 든든해. 자식에게 줄 수 있는 가장 큰 선물은 부모의 시간이라는 걸 이제야 알았어. 부모의 사랑은 단순히 보호에서 끝나는 게 아니라 믿음과 신뢰로 이어져야 한다는 걸 깨달았어. 지금부터라도 더 많이 안아주고 더 많이 웃어주는 엄마가 될게. 너희들이 엄마, 딸이고 아들이라서 정말 고맙다. 행운의 천사가 너희들과 늘 함께하길 기도할게. 사랑한다. 수아야, 연웅아!

엄마가

에필로그

우리는 살아가면서 그 어떤 것도 예측할 수 없다. 어느 날 갑자기 생각지도 않은 일이 찾아오기도 한다.

'어느 날 갑자기 찾아온 엄마와의 이별' 난 엄마에게 끝없는 사랑을 받을 줄만 알았지 줄 줄은 모르는 아이 같은 어른이었다. 사랑하던 엄마를 멀리 떠나보내고 나서 가슴 한구석에 죄책감이 자리 잡고 있었고, 그 빈자리가 얼마나 큰지 알 수 있었다.

엄마가 떠난 후 큰 슬픔에서 헤어나지 못하고 있는 나를 가족들은 끝없이 토닥여주었고 서로에게 마음을 전하면서 치유됨을 알았다.

이제는 나를 토닥토닥 위로해 주고 싶다. 그동안 잘 살아왔고 수고했다고.

장미에는 가시가 있다. 가시는 우리의 삶이다. 그 가시를 나는 만지고 만져서 상처투성이가 되고 아픔을 느꼈다. 아픔을 느끼는 상처마저도 보듬고 안아주니, 그 상처도 나의 소중한 삶이었음을 깨달았다. 그리고 난 후에 난 비로소 웃을 수 있었다.

엄마의 홈집 난 반지를 보면서 엄마의 흔적과 사랑을 느꼈다. 엄마의 사랑이 아이들에게도 전달되어 의젓하게 자란 모습을 보고 늘 함께 있다는 것을 알았다. 강물 같은 사랑이 가슴속에 남아 가족을 더 단단하게 묶어주었음을 알았다.

지금, 이 순간 상처를 꼭 보듬고 웃고 있는 내 모습을 본다. 이 순간이 내 인생의 화양연화임을. 내 인생의 꼭짓점인 것을.
비록 엄마는 먼 길을 떠나셨지만, 남기고 간 사랑은 멈추지 않고 오늘도 내일도 계속 흐르고 있었다.

엄마의 체취가 남은 반지를 먼 훗날 사랑하는 딸에게 주어 엄마의 사랑을 느끼게 하고 싶다. 엄마의 사랑은 반지를 타고 끊임없이 흐른다는 것을.

나르샤킴

사랑이 이긴다

스텔라윤

| 프롤로그 사랑이 이긴다
| 1장 사랑이 채워지지 않아
| 2장 내 업보 같은 남자
| 3장 사랑이 밥 먹여주냐
| 4장 내가 선택한 가족
| 5장 나의 세상, 나의 바다
| 6장 상처 입은 치유자
| 에필로그 사랑이 살린다

프롤로그

사랑이 이긴다

　사랑은 숨과 같다. 밥은 하루 굶어도 살지만 숨 없이는 한순간도 버틸 수 없다. 나는 30년 가까이 숨이 간당간당한 채로 살았다. 사랑 없이 텅 빈 마음에는 눈물만 찰랑거렸다. 툭 치면 눈물이 흘러넘쳤다. 엄마를 잃어버린 아이처럼 불안한 눈동자로 두리번거리며 하염없이 울었다.

　사랑은 단숨에 채워지지 않았지만 포기할 수 없었다. 사랑 없이 삶을 지속할 이유를 알지 못했다. '살기도 바쁜데 웬 사랑 타령이냐.' 하겠지만 한 가지 확실한 건 우리는 사랑 없이 온전히 살 수 없다.

　사랑을 찾아 정처 없이 헤맸으나, 방황 끝에 나에게로 돌아왔다. 우리가 찾는 모든 건 자기 안에 있다. 사랑도 다르지 않았다.

1장

사랑이 채워지지 않아

'이 세상에 내 편은 아무도 없어….'

침대 위에 웅크리고 앉아 울먹이는 11살의 내 모습이 선명하다. 나만 빼고 화목해 보이는 가족을 뒤로하고 방에 들어왔다. 서러운 마음을 풀 곳이 없어 스케치북을 펼쳤다. 스케치북 가운데에는 정답게 웃는 가족을 그리고, 구석에는 눈물을 뚝뚝 흘리는 나를 그렸다. 그림을 그리는 내내, 눈물은 눈 안에서 잠시 머무를 새도 없이 흘러넘쳐 스케치북 위로 쏟아졌다.

'내가 죽으면 이 스케치북이 발견되겠지. 엄마도 조금은 슬퍼할 거야. 나한테 잘해주지 않은 걸 후회할 거야.'

눈물범벅인 스케치북을 굳이 닦아내지 않았다. 눈물자국은 쭈글쭈글 말라가는데 나를 살피러 오는 사람은 없었다. 현실을 잊고 싶어 잠을 청했다. 나의 슬픔이 적나라하게 드러난 그림이 잘 보이도록 스케치북을 활짝 펼쳐두었다. 하지만 다시 눈을 뜰 때까지 끝내, 그 누구도 나를 찾지 않았다.

"어휴, 계집애 하나 있는 게 도움이 안 돼."

엄마는 본인도 여자이면서 딸을 차별했다. 춤추고 노래하기 좋아하던 명랑한 어린이는 점점 눈치 백 단의 철든 계집애로 변해갔다. 엄마가 장을 보러 간 사이 빨래를 개고 청소기를 돌렸다. 엄마에게 칭찬받고 싶었고 엄마의 웃는 얼굴이 보고 싶었다.

엄마는 나와 다른 가족을 부르는 목소리부터 달랐다. 특히 나와 남동생은 변성기가 오기 전까지 목소리가 똑같아서 전화로는 구분하지 못할 정도였다. 어느 날 집에 혼자 있는데 전화벨이 울렸다.

"여보세요?" 엄마였다.

"으으응, 학교 잘 갔다 왔어어? 뭐 하고 있어어?"

처음 들어보는 엄마의 다정하고 간드러진 목소리에 당황했지만 나도 모르게 입꼬리가 올라갔다. 애써 침착한 목소리로 답했다.

"응. 그냥 있어."

잠시 정적이 흐른 후 어색함이 묻은 목소리로 엄마가 말했다.

"세영이니? 세현이는?"

엄마는 목소리를 헷갈려 내가 동생인 줄 착각했던 것이다. 처음부터 엄마 목소리를 들으며 눈치를 챘으면서도 내심 기분이 좋았다. 하지만 엄마의 따뜻한 관심과 목소리는 내 것이 아니었다.

하루는 학교를 마치고 집에 돌아왔는데 인기척이 없었다. 부엌에 가니 엄마가 있었다.

"엄마!"

못 들었나 싶어 다시 한번 엄마를 불렀다.

"엄마! 나왔어!"

입을 삐죽거리면서 한 번 더 엄마를 불렀다.

"엄마….."

엄마는 끝내 돌아보지 않았다. 이유도 알지 못한 채 싸늘한 엄마의 등을 바라보며 좌절감에 눈물만 흘렸다.

내가 없는 게 낫지 않을까 싶었다. 차마 죽을 용기는 없었고, 의도치 않게 미아가 될 뻔했던 적이 있었다. 반나절 이상 낯선 거리를 헤매면서도 엄마에게 전화하지 못했다. 엄마를 귀찮게 하지 않고 혼자 집을 찾아가야 한다는 생각뿐이었다. 지나가는 사람 중에 엄마 또래의 여성만 골라서 물었다.

"아줌마, 여기 어디예요? 우리 집 서현동인데 저 어디로 가야 해요?"

"어머나! 여기서 서현까지? 너 혼자는 못 가. 빨리 엄마한테 전화해서 데리러 오라고 해."

용기 내서 공중전화로 집에 전화했는데 오빠가 받았다.

"너 어디야? 엄마 너 찾으러 나갔어. 엄마 화났어. 빨리 와."

"알았어. 금방 갈 테니까 엄마한테 걱정하지 말라고 전해줘."

없어지고 싶다는 생각과는 달리 용감하고 창의적인 방법으로 강력한 귀가 본능을 발휘했다. 혼자서 꾸역꾸역 걷고 또 걸어 마침내 집 앞에 이르렀고 저 멀리 허둥지둥 나를 찾아 나서는 엄마를 발견했다.

"엄마! 엄마!"

엄마에게 뛰어가며 'TV는 사랑을 싣고' 상봉 장면에 흐르는 음악을 상상했지만, 돌아온 건 쌍욕뿐이었다.

"쌍놈의 계집애. 다신 집 밖에 나갈 생각도 하지 마. 어휴, 징글징글해."

엄마는 내가 어디를 헤매고 다녔는지, 어쩌다가 그랬는지, 어떻게 집을 찾아왔는지, 어디 다친 곳은 없는지 묻는 대신 윽박만 질렀다. 그런 식으로 밖에 걱정했던 마음을 표현할 줄 모르는 못난 엄마였다. 집에 돌아왔다는 안도감으로 차올랐던 눈물을 꿀떡 삼키고 방으로 들어와 혼자 조용히 마음을 쓸어내렸다.

　서러운 나날은 끝없이 이어졌지만, 엄마의 삶도 버거워 보였기에 마냥 어리광 피울 수는 없었다. 아빠는 우리에게 다정했고 부지런히 다섯 식구를 먹여 살렸다. 하지만 고리타분한 가부장적 기질로 엄마를 무시했다. 차가운 엄마와 다혈질인 아빠는 허구한 날 부딪혔다. 아빠의 언성이 높아지기 시작하면 심장이 두근거리고 위가 쪼그라들었다. 결국 아빠는 고래고래 소리를 지르고 엄마는 모든 걸 체념한 얼굴로 울었다. 엄마가 울 때마다 나도 숨죽여 울었다. 엄마가 우리를 버리고 떠날까 봐 불안했다. 나를 사랑해 주지 않는 엄마지만 그래도 엄마는 엄마였다.

　'내 얼굴이 아빠를 닮아서 엄마가 나를 싫어하는 걸까?' 합리적인 의심이 들었다. 아빠와 나는 찍어낸 듯 똑 닮았다. 엄마가 진짜 화가 날 때마다 하는 '쌍놈의 계집애'라는 욕도 나를 핑계로 아빠를 욕하는 것 같았다. "내가 쌍놈의 계집애면 아빠가 쌍놈이야?"하고 물어보면 엄마는 부정하지 않고 피식 웃기만 했다.

　다행히 사랑 결핍은 겉으로 티가 나지 않았다. 마음속 상처는 간지러운 딱지가 생겼다가 다시 피가 나고 또 딱지가 되는 과정을 반복했다. 지워지지 않는 하얀 흉터가 하나씩 늘었다. 그 와중에 나는 그럭저럭 학창 시절을 지나왔고 취업에도 성공했다. 최종 합격 소식을 확인하던 날, 나의 일로 그토록 기뻐하는 엄마의 얼굴을 태어나 처음 봤다.
　조건부 사랑이라도 받으려면 나의 존재를 지워야 했다. 사랑받으려

애쓸수록 나는 점점 희미해졌다.

2장

내 업보 같은 남자

스물다섯, 돈도 벌고 안팎으로 꽃 피울 나이. 취업만 하면 인생이 환희로 가득 찰 줄 알았다. 하지만 나는 여전히 사랑을 찾아 헤맸다. 살기 위해 부지런히 연애했지만 깊숙한 허기를 채워줄 만큼 나를 사랑해 줄 사람을 찾기는 쉽지 않았다.

토요일 이른 오전, 같은 팀 후배 결혼식이 있었다. 후배는 야무지게 피로연까지 준비했고 그곳에서 나의 '업보' 같은 남자를 만났다.
촌스러움이 머리끝부터 발끝까지 묻어 있는 한 남자. 7센티 힐을 신으니 나보다 작은지 비슷한지 모르겠는 애매한 키. 지금까지도 '투블록' 스타일이었다고 우기지만, 옆은 하얗게 밀고 그 위에 찰랑거리는 생머리가 버섯처럼 얹어져 있는 난감한 스타일. 버버리 벨트에 버버리 넥타이에 버버리 가방까지. '딱 봐도 서울 사람은 아닌 것 같은데, 지방의 유지인가?' 싶지만 하나도 궁금증을 불러일으키지 않는 외모의 남자가 자꾸 내 옆을 맴돌았다. 나중에 알게 되었는데 심지어 그 모든 버버리는 짝퉁이었다. 혹여나 눈이라도 마주칠까 곁눈질로도 눈길을 주지 않았다. '부지런을 떨며 왔건만 여기에도 내 남자는 없구나.' 헛헛한 마음에 술만 연신 들이켰다. 그는 말이 별로 없었고 조용히 나의 빈 술잔만 채워주었다.

어느새 그는 내 옆자리에 앉아 있었다. 술김에 그의 등에 잠시 팔을 기댔는데 난로처럼 따뜻했다. 수줍음에 내 쪽으로 고개도 돌리지 못하는 그에게서 왠지 모를 온기가 느껴졌다. 말도 없고 표정도 없이 앉아 있던 그가 웃는 모습을 보았다. 찰나의 순간이었지만 열 살 소년처럼 순수하게 웃는 얼굴에 흠칫 놀랐다.

'웃으니까 귀엽네….' 그의 첫인상이었다.

청주에 살던 그는 분당으로 이사했다. 나와 같은 동네에 살고 싶다는 이유 하나만으로. 그는 앞뒤 재고 따지며 사랑하는 스타일이 아니었다.

처음 몇 주 동안 내 눈을 쳐다보지도 못하던 그는 손 편지로 고백을 해왔다. 편지 내용이 앞뒤가 맞지 않아 한참을 들여다보니, 맨 앞 글자를 세로로 읽으면 '사이좋게 지내자.'라는 문장이 완성되는 편지였다. 헛웃음이 나왔지만, 또 한 번 놀랐다.

'이렇게 순수한 사람이 있다니….'

폭설로 온 동네가 하얗게 덮인 날, 그는 눈사람을 만들어 주었다. 우리 둘 다 장갑이 없었지만, 그는 망설임 없이 눈을 끌어모아 꼭꼭 눌러 눈덩이를 만들었다. 야구공 크기의 눈덩이 두 개가 내 허리 높이까지 오는 커다란 눈사람이 될 때까지, 그는 쉼 없이 맨손으로 눈덩이를 굴렸다. 숯불처럼 새빨개진 손을 호호 불면서 해맑게 웃는 그를 바라보며 내 마음도 녹았다.

처음이었다. 아무 계산 없이 나를 사랑해 주는 느낌. 그동안 열과 성을 다해 연애했지만 나를 '0순위'로 생각해 주는 남자는 없었다. 그들에게는 일, 친구, 술자리, 운동, 취미도 중요했다. 물론 그게 더 건강한 관계일지도 모르지만 나에게 필요한 건 오직 사랑뿐이었다. 그 촌스럽고 따뜻하고 웃음이 귀여운 남자가 유일하게 자기 자신보다도 나를 더 사랑해 주었다.

회식 자리에서 술을 진탕 마신 어느 날, 그는 만취한 나를 데리러 왔다. 술자리를 마무리하고 밖으로 나왔는데 저 멀리에서 그가 나를 바라보고 있었다. 문득 술 취한 모습을 보고 핀잔을 주진 않을까 싶어 그의 얼굴을 살폈다. 그는 술에 취해 신나 보이는 내가 귀엽다는 듯 웃고 있었다. 안도하며 그에게 잠깐 기다리라고 손짓하고, 팀 사람들과 기념사진까지 찍고 웃으며 헤어졌다.

온종일 쓰고 있던 직장인 가면을 벗고 터덜터덜 그에게 다가갔다. 그와 마주한 순간, 틀어막을 새도 없이 눈물이 쏟아져 나왔다. 사당역 한복판에서 그를 끌어안고 꺽꺽 소리 내어 울었다. 몇 뼘 되지도 않는 그의 품이 한없이 따뜻했다. 그는 서럽게 우는 나를 한참 동안 토닥이다가, 술과 눈물에 젖어 물먹은 솜처럼 무거워진 나를 아무 말 없이 집에 데려다주었다.

애써 덮어두고 살았지만 내 마음은 깨진 독 같았다. 채워도 채워도 자꾸 눈물이 새어 나왔다. 나는 점점 메말라갔다. 아무 판단 없이 내 옆을 지켜주는 그의 존재는 내 유일한 쉴 곳이었다.

사랑받기 위해 나를 지우고 무색무취로 살던 나는 그를 만나고 점점 선명해졌다. 그가 색을 덧칠해 준 것이 아니라 원래 내 안에 있던 색이 흘러나와 나를 물들였다. 그의 조건 없는 사랑이 내가 나답게 살도록 용기를 주었다. 사람은 자기답게 살아갈 때 행복하다. 나를 나로 살게 해주는 그를 사랑하지 않을 수 없었다.

하지만 모든 건 '0'으로 수렴한다. 그는 직업도 없었고 비전도 없었다. 자신의 삶이 뚜렷하지 않기 때문에 자기를 지우고 오직 나를 사랑할 수 있었다. 나를 조건 없이 사랑해 주지만 자기 자신은 사랑하지 못하는 사람이었다. 가시 옷을 입고 자신을 방어하며 거친 인생을 살고 있었다.

그의 삶은 상처투성이였지만, 그의 눈동자는 빛났다. 그가 품고 있는 선하고 따뜻한 마음이 내 눈에는 분명히 보였다. 그에게서 나를 보았다. '이 사람도 나처럼 사랑이 부족했기 때문일지도 몰라…. 단 한 사람이라도 나로 인해 살아갈 힘을 얻는다면 충분히 의미 있는 삶이 아닐까?' 어린 시절의 나를 돌보듯 그에게 사랑을 쏟았다.

자기 자신을 사랑하지 못하는 두 사람이 만나 서로를 사랑해 주었다. 나를 사랑하지 못하면 남도 사랑하지 못한다고 한다. 하지만 우리는 흘러넘치도록 아낌없이 서로가 서로에게 사랑을 채워주었다.

누군가에게 사랑을 쏟는다는 건 내 안에 사랑이 있다는 증거였다. 사랑은 받음으로써 채워지기도 했지만, 내줌으로써 내 안에서 샘솟기도 했다. 불완전한 그가 내게 와준 덕분에 내 안에 있는 줄도 몰랐던 사랑을 꺼내어 썼다. 조건 없이 사랑하고, 사랑으로 누군가를 살려낼 힘이 나에게도 있었다.

3장

사랑이 밥 먹여주냐

나를 우선순위로 생각하고 조건 없이 사랑해 주는가?
같이 있을 때 마음이 편안한가?
웃음 코드가 맞는가?

세 가지 귀여운 조건을 꼼꼼히 따져보고 그와 결혼하기로 결심했다. 외모, 학벌, 직업은 과감하게 생략했다. 나는 작은 일에 소심하고 큰일 앞에서 대범해지는 부류의 사람이다.

곧이어 우리 사랑의 진가를 확인하기 위한 혹독한 시험을 치러야 했다. 그는 신혼여행에서 돌아온 지 얼마 되지 않아 회사를 그만두었다. 평소에 게임을 좋아한다는 허술한 이유로 프랜차이즈 피시방을 개업했다. 내가 평생 해 본 게임이라고는 테트리스나 틀린 그림 찾기 정도였다. 게임 소음, 담배 냄새, 인스턴트 음식, 욕설이 난무하는 피시방이 내 삶의 터전이 되는 건 영혼이 탈탈 털리는 일이었다.

나는 나다운 삶을 살겠다며 남들이 부러워하는 회사를 그만두고 아이들에게 바른 식생활을 교육하고 있었다. 하지만 일을 마치면 '피시

방 이모'로 출근해서 욕하고 침 뱉으며 게임을 하는 학생들에게 라면을 끓여주어야 했다.

이상과 현실의 괴리 사이에서 괴로워할 틈도 없이, 개업 6개월 후 코로나가 터졌다. 피시방은 영업시간 단축과 영업정지 등 모든 규제의 중심에 있었다. 등교가 온라인으로 전환되며 내가 하던 교육 일도 기약 없이 멈추었다. 그는 홀로 24시간 매장을 지키며 창고에서 쪽잠을 잤다. 그럼에도 남는 게 없어서 나는 생활비를 벌기 위해 1년 계약직 일을 전전했다. 현실의 쓴맛으로 입이 텁텁했다.

그렇게 2년을 몸으로 버티다가 폐업했다. 억 소리 나는 대출을 갚기 위해 결혼 후 악착같이 자가로 마련한 집을 팔았다. 밤낮 바뀐 생활로 낯빛이 새까매지는 그를 살리는 게 먼저였다. 폐업할 때도 깡패 같은 부동산 업자와 엮여 변호사까지 선임한 후에야 질퍽한 진흙탕 싸움에서 겨우 빠져나왔다.

온실 속 화초처럼 살아온 나는 잡초처럼 살아온 그를 만나 난생처음 온실 밖 날 것의 세상을 경험했다. 하지만 나는 생각보다 강인한 화초였고, 그는 잡초 같은 끈질김으로 혹독한 시간을 견뎌냈다. '화초와 잡초의 엉망진창 합작'이었다. 우리는 서로를 부둥켜안고 끝까지 버텼고 땅속으로 더 깊이 뿌리내렸다.

친구들은 말한다. "어떻게 참았어? 나 같으면 벌써 이혼했어."
나는 배웠다. 진짜 조건 없는 사랑이 무엇인지를. 우리는 서로에게 특정한 역할과 쓸모를 요구하지 않는다. 어떤 역할 때문이 아니라 서로를 위하는 마음으로 각자의 자리에서 최선을 다한다. 어떤 조건 때문이 아니라 함께 행복하기를 바라는 마음으로 아낌없이 사랑을 주고받는다. 다행히 사랑은 값도, 한도도 없다.

그도 온몸을 던져 인생을 배웠다. 돈을 주고도 얻지 못할 경험이었다. 사람은 변하지 않는다고들 한다. 하지만 그는 나를 위해 변화를 선택했고 여전히 변하는 중이다. 그를 꺾어버리려 했던 쓰나미 덕분에 오히려 삶에 대한 의욕이 살아났다. 무엇보다 나에게 미안한 마음이, 나를 사랑하는 마음이 그를 살게 했다.

그에게는 짙은 풀 내음이 난다. 짓밟혀도 다시 일어나는 잡초 같은 생명력을 품은 그의 눈동자는 여전히 빛난다.

"사랑이 밥 먹여주냐." 말하지만 애초에 밥 얻어먹으려고 그와 결혼하지 않았다. 그는 지금도 변함없이 내가 꼼꼼하게 따져본 세 가지 조건에 맞는 사람이다. 늘 나를 먼저 생각하는 사람, 내가 나로 살도록 하는 사람, 함께 있으면 크고 작은 웃음이 끊이질 않는 사람. 그런 그를 사랑하지 않을 이유가 없다.

그와 함께 한지 11년, 어렴풋이 알 것 같다. 우리는 서로를 살리기 위해 만났다는 걸. 그는 나의 숨 쉴 곳이 되어 주었고, 나는 그의 인생을 심폐 소생했다. 우리는 서로의 사랑 안에서 무엇이든 할 수 있다.

4장

내가 선택한 가족

걸어서 집에 가는 길, 그가 내 손을 꼭 잡으며 말한다.

"고마워. 나랑 같이 살아줘서."

결혼하지 않았다면 몰랐을 삶의 무게와 형언할 수 없는 감정이 있다. 상대에게 내가 가진 좋은 것을 나누는 건 어렵지 않다. 상대가 가진 좋은 것을 나눠 받는 건 언제든 환영이다. 하지만 상대의 상처와 아픔도 기꺼이 나눠 가질 수 있을까? 누구에게나 쓰린 상처가 있다. 절망한 기억을 남몰래 품고 살기도 한다. 우리는 서로에게 그 아픔까지도 함께 짊어지고 가주는 유일한 사람이다. 우리 두 사람은 손을 맞잡은 것뿐만 아니라 보이지 않는 끈으로 연결된 관계이다.

> "가족이 지니는 의미는 그냥 단순한 사랑이 아니라네. 지켜봐 주는 누군가가 옆에 있다는 사실을 상대방에게 알려 주는 거지. (…) 가족이 거기에서 자신을 지켜봐 주고 있으리라는 걸 느끼는 게 바로 정신적인 안정감이야. 가족 말고는 세상의 그 무엇도 그걸 줄 수는 없어. 돈도, 명예도." (…) "그리고 일도."
>
> — 미치 앨봄, 『모리와 함께한 화요일』, (살림출판사, 2010)

그의 존재 자체가 주는 안정감이 있다. 어떤 모습이든 있는 그대로 받아들여진다는 믿음에서 오는 안도감, 깊은 영혼까지도 수용 받는다는 사실이 주는 평안함. 호강하진 못해도 한결같이 내 편에 서서 곁을 지켜주는 사람이 있기에 내 마음은 풍요롭다. 그는 『모리와 함께한 화요일』의 모리 교수가 말한 '가족만이 주는 안정감'을 충실하게 채워주고 있다. 그는 내가 선택한 가족이다. 나도 그에게 '진짜 가족'이 되어주고 싶다.

삶은 불확실하고 예측 불가능하기에 두렵고 불안하다. 결혼하면 두 사람의 인생이 얽혀 불확실성은 무한으로 늘어난다. 그렇기에 두려움이 시시때때로 찾아오지만 미리 겁먹을 필요는 없다. 우리는 언제나 두려움을 내려놓고 다시 사랑을 선택할 수 있다.

지금도 나와 헤어질 때면 그는 내 모습이 보이지 않을 때까지 뒤돌아보며 손을 흔든다. 손톱만큼 작아진 그가 희미하게 저 멀리서 손 흔들 때, 사랑이 눈앞에 아른거린다.

5장

나의 세상, 나의 바다

어느 날 마을버스 정류장에서 엄마와 고등학생 딸의 모습을 보았다. 버스에 탄 딸을 향해 양팔을 하늘 위로 휘휘 저으며 엄마가 큰 소리로 외쳤다. "딸! 사랑해!" 딸은 못 말린다는 듯한 표정을 지으며 활짝 웃었다.

나에게도 저런 엄마가 있었다면 어땠을까. 너는 이 세상에서 가장 소중한 존재라고, 뭐든 잘할 수 있다고, 잘하지 못해도 존재 자체로 나의 기쁨이라고 말해주는 엄마가 있었다면…. 오랜 시간 나를 믿지 못해 방황하고, 나를 사랑해 줄 사람을 찾아 세상을 헤집고 다니지 않아도 되었을까.

어린 시절의 상처를 꺼내면 엄마는 나의 자격지심 혹은 피해의식이라고 콧방귀를 뀌었다. 그러다 어느 날은 "네가 딸이라서 가장 편했고 너에게 감정을 풀며 살았던 것 같다."라고 고백했다. 속이 시원하면서도 한편으로는 더 서글퍼졌다. '나의 아픔이 상상이 아니라 실재하는 거였구나.' 싶어서. 하지만 나는 엄마 덕분에 더 절실하게 나의 삶을 살고자 하는 의지를 품었다.

내 삶을 먼저 바로 세웠고, 그러고 나니 엄마를 행복하게 해 줄 마음의 힘도 생겼다. 엄마와 둘이 함박눈이 펄펄 내리는 삿포로 시내를 걸었고 우리 키보다 높이 쌓인 눈에 파묻혀 뒹굴었다. 노천탕에서 나체로 미끄럼틀을 타며 깔깔 웃었고 비좁은 선술집에 끼여 앉아 생맥주를 들이켰다. 제주의 사계절을 여행하며 반딧불이와 쏟아지는 별을 보면서 감탄했다. 우리를 낳은 후로 잠을 깊게 자본 적이 없다는 엄마는 낯선 여행지에서 머리만 대면 입 벌리고 곯아떨어져 코까지 골았다. 엄마는 여행할 때 가장 자유롭고 행복해 보였다. 꽃 앞에서 알 수 없는 포즈를 취하고 점프 샷을 찍어달라며 나이도 잊고 펄쩍펄쩍 뛰었다. 아이같이 해맑게 웃는 엄마를 보며 내 마음도 꽃피었다.

나 홀로 시작한 엄마와의 관계 회복 프로젝트는 15년이 넘도록 계속됐다. 작년 엄마의 생일, 온종일 엄마와 데이트하고 집에 왔는데 메시지가 왔다.

"엄마랑 친구 해줘서 고마워." 내 평생 엄마에게 들은 가장 따뜻한 말이었다.

엄마도 충분히 사랑받지 못했고 마음 놓고 사랑하기엔 삶이 버거웠던 게 아닐까.

옛 사진첩 속에는 고급스러운 옷을 입고 우아하게 책을 읽는 '희자 씨'가 있다. 희자 씨는 전교 1등을 할 만큼 공부를 잘했고 직장에서 야무지게 일도 잘했다. 그랬던 그녀가 결혼하고 지금의 나보다 젊은 나이에 아이 셋을 낳았다. 사업하는 남편을 내조하며 가정을 지켜내야 했다. 꽃다웠던 아가씨가 지금의 시니컬한 희자 씨가 되기까지, 그녀의 삶을 온전히 이해할 수 있는 능력이 내게는 없다.

엄마에 대해 글을 쓰던 어느 날 꿈을 꿨다.
"누구세요?"

꿈속에서 엄마는 모든 기억을 지우고 나를 알아보지 못했다. 엄마를 애타게 불러도 멍한 눈동자로 허공만 바라보았다. 나는 통곡했다. 살면서 엄마에게 뭐가 그리 서운한 게 많았는지, 나를 사랑해 주지 않는다고 엄마를 미워한 날들을 후회했다.

엄마가 무너지니 내 세상도 힘없이 바스러졌다. 그제야 깨달았다. 엄마는 태어난 순간부터 내가 살아가는 모든 시간을 함께한 나의 세상, 나의 바다라는 걸. 엄마에게 사랑받지 못해 방황했고 슬픔을 안고 살았지만, 나는 엄마의 사랑 안에서 돋아나 그 품에서 태어난 생명이라는 걸.

눈물범벅 된 얼굴로 꿈에서 깨어나 안도하면서도 가슴이 미어졌다. 우리에게 남은 시간은 얼마나 될까. 누가 먼저 사랑하는지, 누가 더 많이 사랑하는지는 중요하지 않다.

나의 세상, 나의 바다, 나의 엄마.

나의 바다가 온전한 생명력으로 살아있을 때 더 자주 더 깊이 그 세상을 누비고 싶다.

6장

상처 입은 치유자

　사랑으로 이 세상에 태어나게 해 준 엄마, 무조건 내 편인 남편, 그리고 나를 사랑해 주고 치유해 준 또 한 사람이 있었다. 삶의 끝까지 나와 함께 해 줄 단 한 사람. 내 삶은 '내 안의 나'를 만나기 전과 후로 나뉜다.

　나는 자주 잔병치레했다. 특별히 아픈 곳은 없었지만 감기에 걸려도 잘 낫지 않고 골골댔다. 원인을 알 수 없는 온갖 만성질병에 시달렸다. 몸과 마음은 별개가 아니다. 마음 깊이 깃든 슬픔은 알게 모르게 나의 생명력을 갉아먹었다. 몸도 마음도 만성 탈수 상태였다. 병원에서는 평생 약을 먹는 방법밖에 없다고 했지만, 나는 다른 길을 선택 했다.
　열흘간의 침묵 명상을 시작으로, 늘 밖으로 향해 있던 시선을 나에게로 돌려왔다. 고요히 내 안에 머무는 시간 속에서 나는 회복되었다. 몸도 마음도 가벼웠다. 명상은 오직 나만을 위한 휴식처, 온전히 숨 쉴 곳이 되어 주었다.
　매일 아침 눈 뜨자마자 책상에 앉아 빈 종이와 마주했다. 무의식이 쏟아내는 이야기를 손으로 받아 적으며 검열 없이 듣고 끄덕이고 인정해 주었다. 첫 문장은 대부분 부정적인 말로 시작했지만, 마무리할 무렵에는 어김없이 기쁨과 감사의 말이 흘러나왔다. 나의 영혼과 대화하는 시간이었다.

생생한 몸에 찬란한 영혼이 깃든다는 마음으로 건강 자립을 공부하고 실천했다. 특별한 비법은 없었다. 몸의 신호에 귀 기울이며, 잘 먹고 잘 자고 잘 쉬고 잘 움직이며 살았다. 몸의 타고난 생명력이 되살아나면서 몸은 스스로 회복되었다.

책 읽고 그림 그리고 산책하고 여행하며 내 영혼이 기뻐하는 일로 나의 하루를 채웠다. 엄마가 아이의 몸과 마음을 살피고 좋은 경험을 만들어 주고 싶어 하듯이, 나에게 필요한 것을 아낌없이 해주었다. 나의 몸·마음·영혼을 정성껏 돌봐 주었다.

스스로 몸과 마음을 치유하는 일은 생각보다 오래 걸렸다. 그럼에도 하나뿐인 나의 삶이니 내가 책임지고 싶었고 잘 살아내고 싶었다. 사랑은 서로를 견뎌주는 것이라 했다. 나는 더디게 나아지는 나를 견뎌주었다. 나를 사랑하기에 가능한 일이었다.

우리는 숨 쉬듯 사랑받아야 한다. 다만 나를 조건 없이 사랑해 주는 타인을 만나는 일은 시간이 걸린다. 노력할 수는 있지만 나의 힘으로 통제할 수 있는 영역이 아니다. 하지만 나와 만나는 작업은 지금 바로 시작할 수 있다. 내 안의 상처를 치유하고 온전한 한 사람으로서 바로 서기 위한 시간은 무엇보다 중요하다. '내 안의 나'는 자기를 조건 없이 사랑하고 구원해 줄 나를 기다리고 있다.

내 삶을 치유하려 몰입할수록 고립되는 게 아니라 타인으로, 세상으로 시야가 확장되었다. 나를 바라보는 시선이 바뀌니 타인을 대하는 마음도 달라졌다. 사랑은 상대의 행복을 바라는 연민의 마음에서 시작된다. '이 사람도 나처럼 그저 자기 자신이 행복하기를 바라는 또 한 사람일 뿐'이라는 걸 이해하는 투명한 마음이 필요하다. 그리고 그 마음이 진실되기 위해서는 내가 먼저 행복하고, 내가 먼저 바로 서야 한다.

내 상처를 들여다보고 스스로 치유해 나가면서 사랑을 나누고 싶은 마음을 품었다. 마침, 바른 식생활 교육으로 아이들과 만날 기회가 생겼다. 교육에도 충실했지만, 따뜻한 눈빛과 손길로 사랑과 기쁨을 주고받는 시간이길 바랐다. 어린 시절 사랑받았던 찰나의 기억이 평생 살아갈 힘이 되기도 한다. 나는 아이들이 훗날 꺼내어 볼 사랑 한 줌을 건네고 싶었다.

내가 만난 아이들 한 명 한 명이 나와 다르지 않았다. 처음 보는 나에게 사랑한다고 망설임 없이 표현하는 아이들, 묻지도 않은 자기 이야기를 쉴 새 없이 쏟아내는 아이들, 초롱초롱한 눈으로 짹짹거리는 아이들을 바라보고 있자니 어미 새가 된 것 같았다. 사랑을 듬뿍 실어와 소외되는 아기 새가 없도록 골고루 나눠주고 싶었다. 아이들은 나의 진심을 왜곡 없이 받아주었고, 그들이 뿜어내는 순수하고 맑은 빛이 또 한 번 나를 치유해 주었다. 그들의 존재 자체가 사랑이었다.

"고독은 운명이 인간을 그 자신에게로 인도하는 길이다."
- 헤르만 헤세, 『헤르만 헤세의 나로 존재하는 법』(뜨인돌출판사, 2024)

헤르만 헤세의 말처럼, 어린 시절의 고독이 이끈 방황의 길 위에서 나를 만났다. 나를 가만히 들여다보니 아이러니하게도 평생 상처였던 사랑 결핍은 나의 본질과 맞닿아 있었다. 침울한 상처를 어루만지다가 그 안에서 빛나는 사랑을 발견했다. 빛은 어둠 속에서 더 선명하게 드러난다. 그러니 내 삶에 드리워져 있는 어둠을 덮으려 하지 말고 고요히 살펴봐야 한다. 나만의 빛이 숨겨져 있을지도 모르기에.

    나는 더 이상 사랑을 찾아 두리번거리지 않는다. 내 안에 사랑이 충분하다는 걸 알고 있다. 사랑 결핍의 경험 덕분에 나의 사랑 레이더는 예민하게 발달했다. 아주 작은 사랑도 큰 기쁨으로 다가온다. 눈물만 찰랑거리던 내 마음에 이제는 사랑이 넘실거린다.

| 에필로그

사랑이 살린다

그림자를 끌어안고 빛으로 세상에 나오고자 글을 쓰기 시작했다. 내 안의 어둠을 숨기고 싶어서 오랜 시간 완벽주의와 자기 검열 뒤에 숨어 지냈다. 숨기고 싶은 그림자였던 '사랑 결핍' 이야기도 이제 남김없이 글로 써서 세상에 흩뿌려졌다. 글로 쓴다고 과거의 상처가 지워지진 않는다. 그럼에도 글을 쓰는 건 나의 불완전함조차 있는 그대로 받아들이고 지금 이 순간부터 다시 시작하겠다는 결심이 담겨있는 것이다. 내 그림자는 비로소 '정오의 그림자'처럼 존재하지만 존재하지 않는 그림자가 되었다. 정오의 빛은 그림자마저 감싸안는다.

'글 서, 빛날 윤' 10년 전 나의 삶을 살기로 선택하며 나에게 새 이름을 지어주었다. 나의 이름처럼 내 안을 비추고 또 누군가의 마음을 밝히는 글을 쓰고자 했다. 모두가 자기 자신이 사랑 그 자체임을 알아차리기를, 기쁨의 에너지로 삶을 재창조할 수 있기를 바라는 마음으로 이 글을 썼다. 그렇기에 나의 첫 번째 책은 '사랑'으로 시작해야만 했다. 삶에 감사하지만, 살아있다는 것만으로도 고되게 느껴질 때가 있다. 그럼에도 우리는 살아야 한다. 그리고 우리를 살리는 건 사랑이다.

빛과 어둠이 둘이 아니듯, 글과 삶도 별개가 아니다. 온전히 살아내는 하루가 있어야 매일 쓸 글도 샘솟는다. 온몸으로 겪은 삶은 숨기려 해도 비집고 나와 글로 흘러넘친다. 넘치는 글을 받아 적느라 부지런히 손을 움직일 수밖에 없는 생생한 삶을 살고 싶다. 내 안에서 흘러넘쳐 열 장 남짓한 글이 된 나의 이야기가 당신에게 사랑 한 줌, 아니 한 꼬집의 사랑이라도 전할 수 있다면 더없이 기쁘겠다.

오쇼 라즈니쉬의 문장으로 이 글을 맺는다.

"그대가 무엇을 하건 상관없다.
그대 자신의 의지와 비전에 따라서,
사랑의 힘으로 그 일을 하는 것이 중요하다."

사랑이 이긴다.

누구나 처음 가는 길

저자 | 해원, 김영신, 생각쟁2, 에두코, 스펀지, 비티오, 호랑, 황태웅, 도란도란, 나르샤킴, 스텔라윤
ISBN | 979-11-93697-46-7
발행일 | 2025년 1월 13일
펴낸이 | 이창현
디자인 | 비파디자인
펴낸곳 | 고유
출판사 등록 | 2022.12.12 (제2022-000324호)
주소 | 서울특별시 마포구 와우산로3길 29 2층
전화 | 070-8065-1541
이메일 | goyoopub@naver.com

www.goyoopub.com

ⓒ 해원, 김영신, 생각쟁2, 에두코, 스펀지, 비티오, 호랑, 황태웅, 도란도란, 나르샤킴, 스텔라윤 2025

본 책은 저작자의 지적 재산으로서 무단 전재와 복제를 금합니다